袁庭栋
张志烈
著

历代文化名人在四川

四川人民出版社

图书在版编目（CIP）数据

历代文化名人在四川 / 袁庭栋，张志烈著. —2 版.
—成都：四川人民出版社，2024.5
ISBN 978－7－220－13645－0

Ⅰ. ①历… Ⅱ. ①袁… ②张… Ⅲ. ①文人－人物－
列传－四川 Ⅳ. ①K820.871

中国国家版本馆 CIP 数据核字（2024）第 072260 号

LIDAI WENHUA MINGREN ZAI SICHUAN

历代文化名人在四川

袁庭栋　张志烈　著

封面题字	周啸天
出 品 人	黄立新
责任编辑	石　云
封面设计	李星瑶
责任设计	李其飞
责任校对	舒晓利
责任印制	祝　健
出版发行	四川人民出版社（成都三色路 238 号）
网　　址	http://www.scpph.com
E-mail	scrmcbs@sina.com
新浪微博	@四川人民出版社
微信公众号	四川人民出版社
发行部业务电话	(028) 86361653　86361656
防盗版举报电话	(028) 86361653
照　　排	四川胜翔数码印务设计有限公司
印　　刷	四川机投印务有限公司
成品尺寸	146mm×208mm
印　　张	8.5
字　　数	160 千
版　　次	2024 年 5 月第 2 版
印　　次	2024 年 5 月第 1 次印刷
书　　号	ISBN 978－7－220－13645－0
定　　价	48.00 元

| 目录 |

前言

美丽富饶的四川，不仅以各种类型的山水风光闻名于世——峨眉山、青城山、三峡、剑门关、九寨沟、黄龙寺、都江堰、乌尤山……而且，四川在历史上还是一个人才辈出、众星荟萃之地，许多文化名人都在这里留下遗迹——文君井、子云亭、白帝城、武侯祠、太白故里、工部草堂、陆游罨画池、山谷流杯池……提起它们来，总是令人心向往之，欲一游为快。

的确，巴山蜀水，人杰地灵。在这块号称"天府"的土地上，自古以来我们的祖先就在这里辛勤耕耘、奋斗、创造、探索……出现了很多具有杰出贡献的著名人物，给我们留下了许多优秀的文化遗产，也给我们留下了不少供瞻仰的文化遗迹。这是中华的光荣，这是四川的骄傲。

对于四川古代杰出人物的成就，前人早有评述。如唐代的魏颢在《李翰林集序》中就说过："自盘古划天地，天地之气，艮于西南。剑门上断，横江下绝，岷、峨之曲，别为锦川。蜀之人无闻则已，闻则杰出。"明代何宇度在《益部谈资》卷上也说："蜀之文人才士，每出，皆表仪一代，领袖百家，岂他方所能比拟。"应当补充的是，由于天府之国繁荣富庶的经济基础，也由于在全国政治局势的风云变幻之中曾几次处于相对安定的局面，故而自古以来，外省的著名文士也往往到四川游学。或乐于到四川做官，"自古词人多入蜀"。所以，有很多全国著名的外省籍文士客寓四川，与四川籍的文士交相辉映，以致四川几度出现过人物星聚，名篇竞出的活跃局面，文学史上传为佳话。

为了向广大读者，特别是广大旅游者介绍古代四川著名文士的主要活动，介绍他们留下来的主要遗迹，我们特地编写了这本《历代文化名人在四川》。为了在不长的篇幅中向读者介绍大家比较关心的著名人物，所以我们只限于川籍（包括今属重庆市）的和客寓四川的文学艺术家（有几位对了解四川历史十分重要的四川历史专家，也包括其中）。古代四川还有若干杰出的政治家、军事家、科学家和思想家，在这本小册子中就不可能介绍了。

由于时间迫促、水平有限，书中错误之处定所难免，尚祈广大读者不吝赐教。

文翁遗泽至今崇

在四川古代历史上，经济与文化发展均居于全国前列的繁盛时期首推西汉。那时四川所以能够繁荣昌盛的原因固然很多，但若从倡导者与组织者的角度看，有两位杰出的人物是永远令人缅怀的，这就是战国末期的蜀郡太守、政治家李冰，与汉景帝至汉武帝时期的蜀郡太守、教育家文翁，李冰与文翁都不是四川人，但他们对四川经济文化的发展都做出了卓越的贡献。

文翁的生平，由于资料有限，今天已不太清楚，只知他姓文，名觉，字仲翁，庐江舒县（今安徽庐江县西）人，年少好学，对《春秋》钻研尤深。汉景帝末年，任蜀郡守。他为人仁爱，重视教育。当他在蜀郡了解了全面情况之后，深感蜀地偏僻，文化不昌，加之秦代禁止私人办学的后遗症，故而"学校陵夷，俗好文刻"，若要使蜀郡有大的发展，必须从文化教育这一根本大事抓起。为此，他采取了一系列有效的措施：

首先，他从郡县小吏中选拔了"开敏有材者"即为人聪敏、有培养前途者如张叔等十八人，先亲自教导，然后送到首都长安向博士求学，有的学习五经，有的学习律令。临上路时文翁还让他们带上一批蜀郡的名特产品如铁刀、麻布等，到京师去送给博士，作为培训的费用。几年之后，张叔等顺利完成学业，回到蜀郡，文翁即任命他们担任郡中的高级官职或郡学教授，成为一批有真才实学的政界骨干与高级知识分子。

其次，文翁拨出经费，"修起学官于成都市中，招下县子弟以为学官弟子"。这一所郡立学校是用石料修建的，故称为"石室"，后又称"文学精舍"。入学者都免除各种徭役，使之专心学习。为了让学生接触实际，锻炼治理政务的真正能力，文翁经常组织学生到郡县办公处参观实习。文翁出外巡视郡县，还选择一部分学生做随从，"传教令"，担负某些政务工作。这样做，既在实践中使学生增长才干，又让各地百姓看到认真读书就可以为官的好处，"县邑吏民见而荣之，数年，争欲为学官弟子，富人至出钱以求之"。

这样一来，蜀中习俗逐渐得到改变，重视培养子弟读书，一时成为风气。这个经验受到汉武帝的高度赞扬，"乃令天下郡国皆立学校官"。就这样，我国最早由地方政府开办的学校从文翁石室开始，并逐步推广到全国。所以说，文翁不仅是我国古代杰出的教育家，在当时也是世界上最杰出的教育家之一。

文翁采取的以上两项行之有效的措施，在很短时间内就取得了明显的结果：一是郡县政府不断得以补充既有知识、又有实践经验的官吏，文翁培养的学生中，"官有至郡守刺史者"；二是有大批人到长安求学，"蜀地学于京师者比齐鲁（齐鲁是汉初文化水平最高的地区）焉"。汉武帝以后，蜀中杰出的人才不断涌现，与此有极大的关系。东汉写成的《汉书》称"至今巴蜀好文雅，文翁之化也"，并非夸饰之论，是有事实根据的。

还应当指出的是，文翁在蜀中并不是只抓教育的。为了使百姓发展生产，增加收入，并在此基础上使政府有一定的行政经费，他还努力从农耕与水利方面进行开发。例如，他在都江堰已有的水利工程的基础上，又组织指挥广大民工"穿湔江口，灌溉繁田千七百顷"，就是指开凿今天的蒲阳河，分岷江水东北流，再与青白江会合，可以灌溉汉代的繁县（即今天的都江堰、彭州、新都区新繁）的大片农田，造成了"世平道治，民物阜康"的兴旺景象。

由于文翁对蜀地经济、文化建设的杰出贡献，当他在蜀地辛勤一生并在蜀地病逝之后，长期受到人们的怀念与赞颂。《汉书》将文翁列于整个西汉的"循吏"的首位，认为他"谨身帅先，居以廉平，不至于严，而民从化"，给予了很高的评价。而蜀地百姓更是"为立祠堂，岁时祭礼不绝"。特别是文翁兴办的石室，则自汉至今近两千年来，一直是成都的学府所在，不断地培养蜀地青年，从未中断。这种在同一地址连续办学两千年的情况，不仅在中国，就是在全世界也是罕见的。在石室旧址，汉代为蜀郡郡学，唐宋为成都府学，元代改为书院，清末改为学校，至今仍是全省重点中学，且仍名石室中学。在石室之侧，历代还有文翁祠、文翁坊、经史阁等建筑。五代时曾刻十经于石，立于此地，是为全国闻名的"孟蜀石经"，至今还有少量残石遗存。

为了称颂这位为蜀地的发展做出杰出贡献的先贤，历代的骚人墨客写过不少赞誉之作，如唐代的裴铏有"文翁石室有仪型，庠序千秋布德馨"之句；宋代苏轼有"苍苔高朕（指东汉时于战火后重建石室的蜀郡守高朕）室，古

柏文翁庭"之句；老一辈革命家李一氓同志还亲笔写了
"锦江春色来天地，石室文风烁古今"的对联。我们这篇小
文的标题"文翁遗泽至今崇"，也是用的清代四川名诗人彭
端淑的七律《再掌教锦江书院作》的首句。

文君井畔忆相如

在风景如画的川西平原的西部，有一座已有两千多年历史的古城邛崃。邛崃城内有一座远近闻名的公园，名曰文君井。园内有古井一口，相传就是我国古代著名文学家司马相如与其情深谊笃的妻子卓文君汲水酿酒、开设酒店的旧址。

司马相如（公元前179～前118年），字长卿，西汉辞赋创作的代表作家，也是四川古代文化史上第一个最著名的文学家。他出生在西汉蜀郡的首府成都，父母给他取了一个颇为亲昵的名字叫"犬子"。他自幼好学，并勤学剑术。随着年龄的增长，学识日增，武技日进，阅历日广。他十分崇敬战国时期赵国名臣蔺相如临危赴难，智斗强秦，完璧归赵，为国增辉的英雄业绩，崇敬蔺相如心怀大局，忍辱负重，将相团结，安定国家的高尚品格。为了终生仰慕并学习蔺相如，遂更名为"相如"。司马相如这个流芳千古的名字，就是这样来的。

司马相如初入仕途，是到首都长安做官。汉景帝以其外表英武而授予武骑常侍之职，即侍从汉景帝打猎击兽的武官。其实，司马相如学习武技只是为了锻炼身体，掌握自卫与杀敌的本领，心中真正热爱的是文学，尤其喜欢辞赋创作。恰在此时，梁孝王刘武来到长安，这位汉景帝的亲兄弟，不仅位高势重，而且喜爱文学，特别喜好延揽文才。京中一批著名的辞赋家如邹阳、枚乘、严忌等都成了他的座上客，颇受礼遇。司马相如为了能施展自己在文学创作上的抱负，遂托名有病，辞去官职，与邹阳等人日日切磋辞赋创作。梁孝王离开长安，他也和邹阳、枚乘等一道随之去到了梁国（梁是西汉的诸侯国之一，都城在今河南商丘市南），开始了他一生的文学创作生涯。在梁国，司马相如写出了他的成名之作《子虚赋》。

梁孝王死后，司马相如回到成都，因无官无业，家贫难以自活，遂接受了过去的老朋友、当时的临邛（今四川邛崃）县令王吉的邀请来到临邛。

临邛在西汉是相当繁盛的工商业城市，以产盐铁而闻名远近。西汉王朝专门在这里设立了管理盐铁生产与贸易的盐官与铁官。这里盛产井盐，特别值得介绍的是，这里是我国，也是全世界最早开采、利用天然气的地区。用天然气煎煮井盐，使临邛成为我国也是全世界最早的井盐生产中心。直到今天，临邛还有一个乡以"火井"为名。临邛在汉代又盛产富铁矿，用以炼铁并制造各种铁器，远销西南各地。

司马相如到临邛之后，受到王吉与当地名流的热情款待。有一天，他应约去赴临邛最富有的工商业主卓王孙的家宴。卓王孙有位既聪慧又有文才的女儿叫卓文君，结婚不久就死去丈夫，寡居父家。司马相如早已闻知卓文君对文学与音乐的造诣，闻知卓文君不幸的遭遇，故而有意在宴席上弹琴，用琴声表示对她的同情与爱慕。卓文君听到司马相如优美而深情的琴声，见到司马相如雍容闲雅的风采，在心中深深地爱上这位风流倜傥的才子。在朋友们的帮助下，他俩终于得以传书递柬，表达了各自坚贞而深沉的爱。可是，卓王孙拒不同意这门婚事。对爱情无比忠诚的卓文君，以大无畏的精神冲破了封建伦理的罗网，独自逃出家门，夜奔相如，两人结为夫妻，并立即逃往成都。可是，夫妻虽百般恩爱，却是衣食无着，不得已又回到临邛，司马相如将车骑全部卖掉，开了一家酒店，"文君当垆，相如涤器"，虽然粗衣淡食，但却乐在其中。面对着司马相如与卓文君这种敢于向世俗挑战的无所畏惧的精神，顽固的卓王孙也无可奈何，只得追认了这门亲事，并分给卓文君部分财物。小两口方才摆脱了穷困的生活，回到成都，专心致志地研讨文学，从事创作。

这时，汉景帝已经去世，雄才大略的汉武帝继位。有一天，汉武帝读到已在京中流传的《子虚赋》，大为赞赏，万分感叹地说："朕独不得与此人同时哉！"恰好，汉武帝身边有位管理猎犬的官员叫杨得意，乃是蜀中人士，与司马相如相识，就向汉武帝介绍说："臣邑人司马相如自言为此赋。"汉武帝大喜，立即召见司马相如。司马相如只得辞别文君，应召来到长安。

汉武帝时期的长安，乃是当时全世界最繁荣的大城市之一。汉武帝选贤良，设乐府，立学校，置五经博士，各地著名文士如严助、朱买臣、吾丘寿王、主父偃、东方朔等都云集于此。司马相如到长安之后，得以与他们交流作品，切磋文艺，还可以饱览石渠、石室、延阁、广内、麒麟、天禄等国家图书馆的丰富藏书，因而技艺日精，创作益丰。在向汉武帝详细介绍了自己的《子虚赋》之后，很快又写出了《子虚赋》的续篇《上林赋》，这两篇大赋用铺张手法，描绘并渲染了皇家的苑囿之盛、畋猎之乐，也描绘了山川的壮丽、物产的丰饶。结构宏大，辞藻华丽，排比对偶，极尽铺陈夸张之能事，是我国大赋的代表性作品。

　　司马相如以超群的才华得到了汉武帝的信任，被任命为郎（西汉时帝王侍从官员的通称）。这时，奉武帝命开辟从今四川通往贵州、云南地区（当时统称西南夷地区）的道路的唐蒙，在巴蜀大肆征调人力，胡乱屠杀地方首领，引起"巴蜀民大惊恐"。汉武帝便命令司马相如为特使速发巴蜀，设法抚喻，并分析、批评、纠正唐蒙的过失。于是司马相如立即入蜀。他写成了一篇《喻巴蜀檄》的专文，晓喻巴蜀各地，讲明朝廷开通西南夷地区是为了解决"道里辽远，山川阻深"的困难，唐蒙"发军兴制，惊惧子弟，忧患长老"等做法，"皆非陛下之意"，希望各地安定毋恐。同时，司马相如对西南夷地区的情况，西南夷与中央的关系作了调查，然后回京向汉武帝做了汇报。他认为，西南夷是很愿意同中原和睦相处、加强联系的，道路也不难打通。如果纠正了唐蒙所采取的"蜀民及汉用事者多言其不便"的错误政策，"为置郡县"，一视同仁，西南夷的问题是完全可以顺利解决的。汉武帝欣然同意司马相如的看法，任命他以中郎将的官职作为朝廷的全权代表，随带一批副手，前往成都，处理有关西南夷的事务。据《华阳国志·蜀志》记载，当司马相如辞别文君赴京之时，文君送别于北郊的升仙桥，桥头有送客观，相如曾指着升仙桥在观门上题字："不乘赤车驷马，不过汝下。"如今，司马相如果然手持皇上符节，乘着高车驷马荣返成都，"蜀太守以下郊迎，县令负弩矢先驱，蜀人以为宠。于是卓王孙、临邛诸公皆因门下献牛酒以交欢。卓王孙喟然而叹，自以得使女尚司马长卿晚，而厚分与其女财，与男等同"。

司马相如在现今的四川西部、南部少数民族的广大地区，与当时的邛、筰、冉、駹、斯榆等西南少数民族进行了广泛的交往，排除关隘，开辟道路，设置郡县，使西汉中央与边区的友好关系一直发展到牂牁（今贵州中部）邛都（今四川凉山彝族自治州）等地。"还报天子，天子大悦。"为了消除蜀地一些人对开通西南夷地区的疑虑，他又写了一篇著名的《难蜀父老》的长文，反复宣传西汉王室的"偃甲兵"、"息诛伐"、"垂仁义"的宗旨，取得了很好的效果。应当说，在司马相如的一生中，他在致力于四川边区少数民族与中原地区的和睦相处并加强其间经济文化交流方面所取得的业绩，意义重大，影响深远，其价值并不亚于他著名的文学创作。

司马相如晚年住在长安茂陵，"称病闲居，不慕官爵"，只担任着负责管理汉文帝陵园事务的"孝文园令"的闲官。可是，他一直关心着国家的强盛。针对汉武帝迷恋狩猎与幻想成仙，他写了意在讽谏的《谏狩猎疏》与《大人赋》，针对汉武帝晚年的若干失误，又写了劝其吸取秦代二世而亡的深刻教训的《哀二世》一文。直到患糖尿病去世之前，还写了一篇《封禅文》，希望汉王室能够"彰至尊，舒盛德，发号荣，受厚福，以浸黎民"。

司马相如的文学创作受到历代的高度评价，对后世产生过很大的影响，班固称为"弘丽温雅"；王世贞称"长卿之赋，赋之圣者"；鲁迅先生评价为"广博闳丽，卓绝汉代"。特别是他以自己的创作成就，影响与带动了蜀中文学创作的繁荣，正如班固所说："西蜀自相如游宦天下，而文章冠天下。"巴蜀人民为了怀念这位杰出的文才，又为了称颂他与卓文君对真正的爱情的追求，一直在以各种形式纪念着他，如唐代大诗人杜甫曾在成都凭吊相如遗迹，写下了"酒肆人间世，琴台日暮云"的诗句；李商隐在成都也写下了"美酒成都堪送老，当垆仍是卓文君"的诗句。直到今天，在成都北郊，有相传他当年告别文君，挥笔桥头的"驷马桥"。在邛崃，有相传是相如弹琴之地的"琴台"和文君汲水酿酒的"文君井"，而且，修建了占地十余亩的园林。值得一提的是，在成都西郊三洞桥附近，有一个高十五米、直径八十几米的大土丘，成都人一直称之为"抚琴台"，认为是司马相如当年在成都弹琴之所，作为有关司马相如的遗迹加以纪念。直到1940年，为躲避日本飞机的轰炸，在此挖掘防空洞，发现是一处古墓。后来，在著名考古学家冯汉骥先生主持下进行发掘，方知这就是五代时期前蜀皇帝王建的陵墓"永陵"，现在已成为我国的重点文物保护单位。这是四川文化史上一个有趣的误解，但这一误解却清楚地表明：文学家司马相如较之皇帝王建在人们心中的地位要高得多。当地居民用"抚琴"而非"永陵"命名所居之地，这不是更能说明问题么！

成都市青羊区琴台路，就是以汉唐仿古建筑群为依托，以司马相如和卓文君的爱情故事为主线，展示汉代礼仪、舞乐、宴饮等风土人情的街道。周围有杜甫草堂、青羊宫、百花潭、文化宫等古文化遗址及公园。

王褒写四川茶业

茶叶是当今世界上三大饮料之首。我国是世界上茶树种植与茶叶制作的发祥地。研究我国的茶业史，已成为当今科学史家的一大课题。每当我们手捧香茶、酌饮品评之时，往往要想到西汉时四川的一位著名文学家——是他在文章中记载了全世界最早的种茶、饮茶与贩茶的资料，这位文学家就是王褒。

王褒，西汉时蜀郡资中（今四川资阳）人，生卒年代失载，只知他的文学创作活动主要在汉宣帝时期。汉宣帝是一个十分喜爱文学与音乐的皇帝，自己也会创作，所以经常征召国内在这方面有造诣的文士到长安，担任皇家的文学、音乐方面的"待诏"，即顾问之类的官职。益州刺史王襄因听旁人介绍，知道王褒是位很有才学的人，就请他来到成都，让他在成都写诗，并将他写的诗配上音乐歌唱。故而王褒的创作很快就通过赴京求学的文士传到长安，传到汉宣帝的耳中，受到汉宣帝的称赞。加之王褒还为王襄写了传纪和颂词，也深得王襄赞许。所以，王襄就将王褒的才能上奏朝廷，汉宣帝立即下令召见。

王褒到京之后，汉宣帝就出了题目，要他写一篇《圣主得贤臣颂》。王褒一挥而就，深得汉宣帝的好感，被任命为待诏，不久又升为谏大夫。他写的《甘泉赋》《洞箫赋》等新作在京中受到很高的评价。甚至，当太子得病而闷闷不乐时，宣帝就让王褒去太子宫中诵读自己的作品，太子竟欣然病愈。这以后，遂"令后富贵人左右皆诵读之"，王褒所写的有声有色的作品竟成了宫中治疗抑郁病患者的良方。他特别善于写咏物小赋，是汉代写咏物小赋的代表作家。他所写的追思屈原的《九怀》，既有情感又有文藻，颇有《离骚》的风格，刘向编定《楚辞》、王逸作《楚辞章句》，都收入了它。

王褒在京中任职了一段时期，公元前51年汉宣帝要他回益州去祭祀传闻之中的"金马碧鸡之宝"。谁知在途中染病，未得医治，竟死于旅途之中。

神爵三年（前59年）王褒在四川，写过一篇很有特色的文章叫《僮约》，记述他到"煎上"即湔上（今四川彭州一带）时，遇见寡妇杨舍家发生主奴纠纷，他便为这家奴仆订立了一份契券，文中明白规定了奴仆必须从事的若干项劳役，也规定了若干项奴仆不准得到的生活待遇。这是一篇研究汉代四川社会情况的极为重要的资料。在这篇《僮约》中有这样的记载："脍鱼炮鳖，烹茶尽具"；"牵犬贩鹅，武阳买茶"。这是我国，也是全世界最早的关于饮茶与买茶的记载。由这一记载可知，四川是全世界最早种茶与饮茶的地区。武阳（今四川彭山）地区是当时茶叶主产区与著名的茶叶市场。《僮约》中类似的珍贵资料还有一些，可以认为，其价值远远超过他受到汉宣帝赞赏的《圣主得贤臣颂》之类的辞赋。

扬子云与子云亭

　　凡是稍有一点古代文化修养的人，几乎都读过唐代著名诗人刘禹锡的千古名篇《陋室铭》。《陋室铭》的开头是："山不在高，有仙则名；水不在深，有龙则灵。"结尾举出的有名、有灵的具体例子是："南阳诸葛庐，西蜀子云亭。孔子云：何陋之有？"在这里，刘禹锡把诸葛亮的草庐与扬子云的读书亭并列，可见早在唐代时，扬子云与子云亭就已成为人们所尊崇的形陋而实不陋的胜迹了。

　　扬子云即扬雄（公元前53～公元18年），西汉末期郫邑（今四川郫都区）人，是我国古代著名的文学家、哲学家和语言学家。扬雄祖辈以农桑为业，家道小康。他自幼口吃，不善言语，然而却喜欢读书与思考，史称"博览无所不见"，"默而好深沉之思"，"不汲汲于富贵，不戚戚于贫贱""自有大度，非圣哲之书不好也；非其意，虽富贵不事也。顾尝好辞赋"。自小就打下了从事文学创作与哲学研究的坚实基础。

自司马相如以辞赋名天下以后，蜀中辞赋之风颇盛，扬雄也深受影响，"每作赋，常拟之以为式"。他又敬慕屈原的为人，悲悯屈原的投江，特地仿《离骚》之体，反《离骚》的意，写《反离骚》"自岷山投诸江流以吊屈原"。扬雄年轻时是很有一番豪爽之气的。

大约四十余岁时，扬雄来到长安，希望能一展抱负。不久，他因"文似相如"而被王音、扬庄等人荐给汉成帝，待诏宫廷。于是，他连续为汉成帝写了《甘泉赋》《河东赋》《校猎赋》《长杨赋》，在这些作品中，他学习司马相如，用铺陈夸饰的手法，华丽雕砌的辞藻，一方面对汉成帝的"英华沉浮，洋溢八区，普天所覆，莫不沾濡"的功业尽力歌颂；另一方面，又以讽喻的手法对汉成帝穷奢极欲的作风进行了规劝。

在写了若干辞赋之后，扬雄感到写作辞赋的作用是对皇上有所讽劝。可是无论是他，还是司马相如，若干篇"极丽靡之辞"的结果是毫无讽劝作用，"赋劝而不止，明矣"。他下决心，"雕虫小技，壮夫不为"，不再作赋，转而研究哲学，少问政事，虽然长期不升官也安之若素。对于旁人的嘲笑与疑问，只作了《解嘲》与《解难》两篇文章予以回答，表明自己"位极者宗危，自守者身全"的处世之道。对于扬雄这种从尽力作赋到反对作赋的重要变化，茅盾先生曾喻之为"比韩愈早八百年揭起反对文学骈丽化的旗帜的第一人"。

扬雄潜心学术之后，发愤著书，写成了几部重要著作，即：仿《论语》而写的政论性著作《法言》、仿《周易》而写的哲学著作《太玄》、仿《仓颉篇》而写的文字学著作《训纂篇》、仿《虞箴》而写的政论性韵文《州箴》、仿《尔雅》而写的语言学著作《方言》。这些著作都流传至今，是我们研究古代文化史的宝贵资料。这几部著作中，最值得称道的是《方言》，其全称是《辅轩使者绝代语释别国方言》。这部书是扬雄继承老师林闾翁孺（林闾是复姓）生前的遗愿，利用全国各地的人汇聚首都的有利条件，进行了二十七年的访问、积累、整理而成的方言学专著，其中记录了西汉时期全国各地的方言材料和古今不同的词汇材料，也记载了各地相同的民族共同语"通语"。它不仅是我国第一部，也是全世界第一部方言学专著，对于语言学的研究有着极其重要的价值。例如，巴蜀地区古代语言的情况，今天主要的材料就只有《方言》。我们从《方言》中可以知道：汉代的四川，称"肥"为"ráng"，称"裂"为"piē"，这与今天四川方言基本一致。如果有功夫对扬雄当年收集的方言资料继续加以研究，一定会得到若干有趣的结果。

王莽篡权之后，诛杀甄丰父子，放逐刘棻。因刘棻曾向扬雄学习古文奇字，有一些来往，于是就株连到扬雄。当时扬雄还在天禄阁中校勘古籍，司法官员前来抓他，他拒不受辱，乃从天禄阁上跳下，以自杀相抗议。可是，扬雄并未能摔死，被救得治。后来，王莽宣布免去加在扬雄身上的罪名，又给予了大夫的官职。但扬雄仍过着"家素贫"，"人稀至其门"的生活，只有不多的学生来向他学习《太玄》与《法言》。公元18年，他病逝于长安。

扬雄在世时，他的学识并未受到时人的重视，刘歆甚至于说他钻研学术是"空自苦"，挖苦他的著作只能被后人用来盖酒坛子。可是，有眼力的哲学家桓谭却认为他"才智开通，能入圣道，卓绝于众"，断言他的著作"必传后世"。果然，扬雄去世后四十余年，就"《法言》大行"了。对于这位多学科的杰出学者与文字学家，家乡的人们从来就没有忘记他，一直在纪念他，这其中最有说服力的事例是在川西地区，长期有多处关于他的纪念地：相传他洗砚、洗笔之地的成都洗墨池以及在此地修建的墨池书院、郫都区的扬雄墓，还有三处子云亭。

扬雄墓建在他出生之地的郫都区，至今犹保存在郫都区城西南的三元场附近，当地称为"子云坟"。冢高数米，草色青青，竹林四合，花园环绕。不过，据《汉书》记载，他是死于长安，并由他的学生侯芭葬于长安的。所以，这座扬雄墓的真实性还有待考证。

洗墨池旧址在今成都青龙街第十三中学内，相传是扬雄在成都的旧宅。唐代著名诗人岑参在成都凭吊古迹时，还专门写过《扬子云宅》一诗。北宋时，这里曾有过一组纪念性建筑，即：墨池、准易堂、解嘲亭、吐凤轩等。宋末元初，毁于兵火。明万历年间，范涞入主川政，乃疏浚洗墨池，重建子云亭。清嘉庆年间，聂蓉峰任四川学政，又在洗墨池侧修建了颇具规模的墨池书院，培养全川的学子，并将洗墨池拓宽为有数亩水面的小湖，引锦江水灌注其中。一百多年过去了，洗墨池早已淤塞不存，书院也变成了现代的完全中学，但"墨池"的芳名，仍然在文教界享有声誉。

子云亭原有三处，成都洗墨池侧的子云亭唐代就有，现已不存。郫都区的子云亭始建年代不详，原在县城附近，清乾隆年间移建于扬雄墓侧，"缭以墙垣，绕以曲池，树以花卉"。不过，如今亭已不存，仅存土台遗址。绵阳市西郊西山观下也有一处子云亭，至今犹存，与著名的唐代石刻造像玉女泉为邻。虽然扬雄是否在绵阳西郊读过书这件事还缺乏力证，但人们仍然络绎不绝地前往参观、瞻仰，这表明人们对扬雄是何等的崇敬。

武侯祠中仰诸葛

　　诸葛亮是我国尽人皆知的古代政治家、军事家，其实他也是一位文学家。他一生的主要活动一直与古代四川联系在一起。

　　诸葛亮（181~234年），字孔明，琅玡阳都（今山东沂南县）人，出生并成长在一个风合云会、群雄并起的时代。他十四岁时随叔父去到豫章（今江西南昌），接着又到荆州襄阳。十七岁时，叔父去世，他就在襄阳以西二十来里的依山傍水的隆中住了下来。一边"躬耕垄亩"，一边读书、治学，并与徐庶、孟公威等朋友经常讨论天下形势。他怀着远大的政治抱负，密切注视着东汉末年各个武装集团相互斗争的局势变化。这时，他的学识与才能逐步被荆州地区人士所了解，并得到推崇，被庞德公称为"卧龙"。

　　207年冬天，刘备因为司马徽和徐庶的推荐，三顾茅庐，听取了诸葛亮对全国政治形势的分析和统一中国的策略之后，大为赞许，立即邀请诸葛亮出山。二十七岁的诸葛亮就这样走上了政治舞台，帮助刘备与孙权结盟。赤壁一战，大败曹操，形成了三足鼎立的局面。接着，诸葛亮指挥刘备的军队占领了荆州与江陵四郡。再挥师西进，于214年占领益州即今四川与陕西、甘肃、云南的部分地区，并正式建立蜀汉政权。223年，刘备病死，将辅佐刘禅治理蜀汉、完成统一的大业完全托付给诸葛亮。从此，蜀汉的整个领导权事实上完全控制在诸葛亮手中。他"开诚心、布公道"，任人唯贤，"能尽时人之器用"；他厉行法治，"循名责实"，"赏罚必信"，"吏不容奸，人怀自厉"，使国中"风化肃然"；他大力发展生产，"务农殖谷"，造成了"田畴辟，仓廪实，器械利，蓄积饶"的繁荣景象；他用"和彝"的政策解决了南中的叛乱，"七擒孟获"，促进了民族团结；他五次北伐，两出祁山（今甘肃西和县西），一心完成统一中国的大业。最后，以鞠躬尽瘁的精神病死于前线，葬于汉中定军山。临去世时，还留下遗嘱："因山为坟，冢足容棺，殓以时服，不须器物。"他治理蜀汉的光辉业绩，忠诚国事的高风亮节，洁身自励的高尚品格，"天下奇才"的军事智能，都永远受到后人的崇敬。在人们心中，他已成了智慧与忠诚的化身。

诸葛亮的著述，曾由西晋史学家陈寿整理为二十四篇（即二十四卷），可惜已经失传。但就今天所能见到的清人张澍所辑的《诸葛亮集》来看，诸葛亮的文学成就是相当高的，他的《草庐对》《出师表》多少年来一直是文学史上交口赞誉的名篇。特别是那篇脍炙人口的《出师表》，气概豪迈雄伟，情感真挚动人，结构整饬谨严，辞令典雅流畅，世代为人们所传诵，在整个中国散文史上，也是第一流的作品。

四川人民永远怀念着诸葛亮，至今还有大量有关他的遗迹：在邛崃，有他视察过的"火井"；在奉节，有刘备向他托孤的白帝城；在新都和奉节，都有他筑垒练兵的"八阵图"；在成都，更有全国著名的武侯祠。杜甫早已咏叹过的"锦官城外柏森森"的武侯祠，现已成为全国纪念与研究诸葛亮的中心，每天都吸引着大批的中外游客。如今全国第一个诸葛亮研究会和诸葛亮博物馆都设在这里，到这里观光与瞻仰的人们也就愈来愈多了。

蜀汉大儒谯周

三国蜀汉时期，四川出现过一批有名的文士，其中对后世影响最大的当推谯周。

谯周（约201～270年），字允南，巴西郡西充国（今四川阆中西南）人，自幼丧父，刻苦攻读，"诵读典籍，欣然独笑，以忘寝食，研精《六经》，尤善书札，颇晓天文"。他的才学得到诸葛亮的赏识，他也十分崇敬诸葛亮。他先后在蜀汉政府中担任过劝学从事、典学从事，"总州之学者"，就是负责整个蜀汉地区的教育事业，蜀汉的著名学者李密、陈寿等都曾向他问学。后来，蜀后主刘禅任命他做太子家令，再升为中散大夫、光禄大夫，以他丰富的学识而成为朝中的重要顾问，"不与政事，以儒行见礼，时访大议，辄据经以对，而后生好事者每咨问所疑焉"。在这段时间中，面对后主刘禅只知享乐，不理国政的现实，他曾专门上疏进谏，明确指出：

> 忧责在身者，不暇尽乐。先帝之志，堂构未成，
> 诚非尽乐之时。愿省减乐官、后宫所增造，但奉修先
> 帝所施，下为子孙节俭之教。

可惜，刘禅一句也听不进去。对于当时不顾国力衰弊而连年出兵攻魏的做法，他也不赞成，专门为此写过一篇《仇国论》，劝诫刘禅少用兵，多与民休息。不过，他的意见仍未被采纳。

蜀汉景耀六年（263年），魏军伐蜀，蜀军完全无力抵御。刘禅要群臣研究对策，有的主张投奔东吴，有的主张远逃南中，唯谯周以为此二策均无前途，主张降魏以求保全。刘禅遂采纳此策而降魏。魏认为他"有全国之功"，封他为阳城亭侯，并召他进京。西晋代魏之后，曾授予他骑都尉、散骑都尉、散骑常侍之职，他均未到职。死后，曾留下各种著述百余篇，可惜大多已经佚亡。

谯周主张降魏，后世多就此称他为无能的"弩臣"。但是，对于他一生中在蜀地主持文教、传播学术的功业与若干著述所取得的成绩，都给予了较高的评价。西晋的益州刺史董荣曾将谯周的像画于东阁，并以"好古述儒"等词进行赞颂。直到今天，在四川南充市的公园里还保存着谯周的坟墓。

谯周一生的著述不少，主要的有《法训》《五经论》和《古史考》。这三部书早已佚亡，但清人有辑本，其中价值最大的是《古史考》。《古史考》本有二十五卷，是谯周研究了司马迁的《史记》之后，特意写来纠正《史记》的错误的。唐代刘知几在《史通·正史篇》中说：

> 晋散骑常侍巴西谯周，以迁书（指司马迁的《史记》）周秦以上或采家人诸子，不专据经典，于是作《古史考》二十五篇，皆凭旧典，以纠其谬，今则与《史记》并行于世焉。

由此看来，《古史考》在唐代能与《史记》"并行于世"，其质量当然是很高的。《古史考》全书虽然今天已不可得见，但由于谯周所处时代距司马迁还不算太远，他治学态度又相当谨严，"皆凭旧典，以纠其谬"，当然会取得不少成就。从现在传下来的少数条文来看，《古史考》也确有价值。例如，《史记·张仪列传》中叙秦末四川史事时说："苴蜀相攻击，各来告急于秦。"这里的"苴"是何意思？《古史考》说："益州天苴，读为苞黎之苞，音与'巴'相近，以为今之巴郡。"这就解决了一大难题，是对《史记》的很好补充，对了解四川古代史很有帮助。所以在若干研究史学的著作中，都把谯周列入我国古代重要史学家之列。

李密写《陈情表》

在我国文化史上，有这样一类作家，他们的绝大部分作品并未流传后世，可是就有那么一两篇佳作流传下来，成为千古交赞的杰作，而这位作家也就永远活在人们的心中。西晋的李密就是这样的一位人物。

李密（224～287 年），一名虔，字令伯，犍为武阳（今四川彭山）人。他半岁时父亲去世，母亲改嫁，自己又一直体弱多病，全赖祖母刘氏一手抚养成人。李密对祖母的养育之恩刻骨铭心，敬奉至孝，"刘氏有疾，则涕泣侧息，未尝解衣，饮膳汤药必先尝后进"。青年时期拜谯周为师，成为谯周的高足。后来曾在蜀汉王朝任郎官，多次出使东吴，以雄辩的口才取得外交斗争中的胜利，并得到东吴的称赞。

西晋时，征西将军邓艾聘他担任主簿，他因祖母年迈而拒聘。后来，朝廷下诏任命他为太子洗马（太子太傅的属官，洗马同先马，即前驱之意），他仍以祖母年迈无人侍奉为理由坚决不愿离家。可是，诏书数次下达，地方官不断催促赴京，李密不得已，只好向朝廷上表陈述必须在家奉养祖母的一片衷情。这就是名传千载的《陈情表》。李密以一片孝敬祖母的赤诚，从内心深处赞颂了"祖母刘愍臣孤弱，躬亲抚养"的恩情，叙述了无论如何不能离开祖母远去的理由：

> 臣少多疾病，九岁不行。零丁孤苦，至于成立。既无伯叔，终鲜兄弟，门衰祚薄，晚有儿息。外无期功强近之亲，内无应门五尺之童。茕茕孑立，形影相吊。而刘夙婴疾病，常在床褥，臣侍汤药，未尝废离。……刘日薄西山，气息奄奄，人命危浅，朝不虑夕。臣无祖母，无以至今日；祖母无臣，无以终余年。母孙二人，更相为命，是以区区不敢弃远。

如此文章，无一字虚言，情深意切，动人肺腑，令人无限同情，无法反驳。李密还进一步用有力的笔调写了他不必去京城当官的理由：

> 臣密今年四十有四，祖母刘今年九十有六，是臣

尽节于陛下之日长、报刘之日短也。

这篇既有感人的情义，又有充足的论辩的佳作，不仅当时的晋武帝为之折服，不再要他进京做官，而且一千多年来一直为人传诵，与诸葛亮的《出师表》合称"两表"，被誉为我国古代以至诚感人的抒情散文的典范。

李密的祖母去世之后，李密不得不应诏入京为官。他为人清慎，但嫉恶如仇。因作诗讥讽朝廷升迁官员不公正，被免职回乡。最后，病逝于武阳故居。

良史之才陈寿

我国古代史籍中最负盛名的佳作是前四史，即《史记》《汉书》《后汉书》《三国志》。其中，《三国志》的作者陈寿是四川古代一位杰出的史学家。由于《三国志》具有很高的文学价值，所以陈寿也是著名的散文作家。

陈寿（233～297年），字承祚，巴西郡安汉（今四川南充市）人。自幼师事著名学者谯周，他"聪警敏识，属文富艳"，对于《尚书》《春秋》和三传、《史记》《汉书》等史籍钻研尤精，谯周认为他"必以才学成名"。陈寿的青少年时代是在蜀汉时期度过的，他曾担任过蜀汉政府的一些官职。当时，"宦人黄皓专弄威权，大臣皆曲意附之，寿独不为之屈，由是屡被谴黜"。西晋平蜀之后，司空张华赏识他的才能，举荐他到朝廷做官，前后担任过多种官职，也受过几次

排挤打击，最后官治书侍御史，卒于洛阳。《华阳国志》卷
十一对他的评定是"位望不充其才，当时冤之"。

陈寿一生中最大的功绩是编撰了几部著名的史书：根据
郑廑、赵谦、陈术等人所作的几种巴蜀《耆旧传》而写成四
川地区的古代史《益部耆旧传》十卷，此书已佚，现有辑本
二卷；根据当时的各种资料编成的《蜀相诸葛亮集》二十四
卷，此书也不存；《古国志》五十卷，也已不存。最著名的，
是他前后历时十五年才编成的《三国志》六十五卷。

《三国志》的成书时间早于《后汉书》，陈寿用条理清
楚、笔法简洁的一部史书，全面叙述了风云变幻的三个同
时存在的政权的历史，保存了很多珍贵的资料。例如诸葛
亮的《草庐对》《出师表》等著名的文章、华佗杰出的医术
等都是靠《三国志》方能流传至今。这本书不仅反映了陈
寿作为一个史学家高超的组织、裁剪功夫，而且还反映了
他作为一个文学家的高超的写作技巧。所以，这部书刚一
问世就受到普遍的赞扬，"时人称其善叙事，有良史之才"。
称他为"马班之亚"，即只比司马迁、班固略次一点。夏侯
湛正在撰写《魏书》，见到刚写成的《三国志》以后，自认
不及，便将自己的书稿毁掉。张华则认为可以把编撰晋代
的国史《晋书》的任务交给陈寿完成。距陈寿不远的著名

文学批评家刘勰则在《文心雕龙·史传篇》中称赞“陈寿三志，文质辨洽”。宋明以来，《三国志》所叙历史，发展为家喻户晓的《三国志平话》和《三国志通俗演义》，几乎无人不说三国故事。这应视为庶民百姓对《三国志》的最高评价。

当然，《三国志》也有其不足，主要缺点是叙事过于简洁，文字不够生动。清代学者李慈铭在《越缦堂日记》中说：

> 承祚固称良史，然其意务简洁，故裁制有余，文采不足。当时人物，不减秦汉之际，乃子长（司马迁字子长）作《史记》，声色百倍，承祚此书，暗然无华，范蔚宗（范晔字蔚宗）《后汉书》较为胜矣。

这种评价是比较允妥的。

本来，在陈寿的家乡南充西山，从唐代起就建有纪念陈寿的甘露寺和万卷楼。万卷楼二十多年以前还完整保存着，共三层，倚岩势而叠建，飞檐斗拱，金碧辉煌。第一层陈列各种咏赞陈寿与《三国志》的石碑，第二层珍藏有关的文物与书籍，第三层则是陈寿挥笔写作的塑像。万卷楼是家乡人们怀念陈寿的主要纪念地，可惜因年久失修，已在20世纪60年代被毁。20世纪90年代政府另择新址修建万卷楼，形成万卷楼景区，由安汉城楼、谯公祠、紫云阁、陈寿读书台、陈寿旧居、万卷楼等主体建筑构成，布局如初，保存了汉晋以来大量的珍贵史料、文物等供各地游人瞻仰前贤，"三月三，朝西山"的盛况又重现在陈寿的家乡。

方志大家常璩

在我国浩如烟海的古代典籍中，有一个十分重要的门类是地方志。地方志是记载一定地区的自然和社会各个方面的历史与现状的综合性著述。内容极其广泛，是今天研究我国古代文化的资料宝库。我国现存地方志共约八千五百余种，十一万余卷。其中，成书最早而又基本完整的地方志，首推常璩编撰的《华阳国志》。

常璩，字道将，生卒年代失载，大约生活在西晋惠帝初年至东晋穆帝末年，出生于蜀郡江原县（今四川崇州市）。在十六国时代的成汉政权的后期，曾在成汉政权中任散骑常侍，掌著作。由于他所任职务给予他的方便，使他能够阅读并收集大量的材料，熟悉巴蜀的历史、地理、文化、经济、民族等情况，所以当时就有人称他为"蜀史"。

他不负众望，就在他任职于成汉王朝期间，本着"达道义，章法式，通古今，表功勋，而后旌贤能"的宗旨，撰写了著名的《华阳国志》。

《华阳国志》之"华阳"，来源于《尚书·禹贡》："华阳黑水惟梁州。"《禹贡》中的梁州地区在华山以南、黑水之东，相当于今天的四川、陕南、滇黔北部等地区。常璩所记载的，也就是华山以南的这一片地区的情况，故名之为《华阳国志》。其时间则从上古直到东晋初年，即所谓"肇自开辟，终乎永和三年"。永和三年指东晋穆帝永和三年，即公元347年。全书共十一万字，分为《巴志》《汉中志》《蜀志》《南中志》《公孙述·刘二牧志》《刘先主志》《刘后主志》《大同志》《李特、雄、期、寿、势志》《先贤士女总赞》《后贤志》《序志并士女目录》等十二卷。第一至四卷以各区地理为主，相当于纪传体史书中的地理志部分；五至九卷则按年代顺序叙述了四川地区的公孙述、刘焉父子、蜀汉、成汉四个割据政权以及西晋时期的历史，相当于纪传体史书中的本纪部分，但更详；十至十二卷则记载了历代的名人，相当于纪传体史书中的列传部分，但较略。总之，它是一部历史、地理、人物三种内容兼收并蓄；编年、地志、传记三种形式融会贯通的地方志。为我们提供了古代西南地区各方面的情况。在每卷之后，常璩还写了"谍曰"，是他自己作的评论，我们可以由此见到他的褒贬喜恶和他的史学理论、政治思想。

由于常璩本人生长在四川，为官在四川，见闻广博，资料熟悉，认真吸收了前人成果，所以他的《华阳国志》具有极高的史料价值。加之编纂得法，内容充实，议论诚笃，历来被人们所推崇。直到今天，仍是我们了解西南地区古代历史的最重要的典籍。北宋的吕大防说："蜀记之可观者，未有过于此者。"清代的廖寅说："后有修滇蜀方志者，据以为典。"这些评论都不为过誉。例如，都江堰是我国古代文明的重大成就，是四川人民的骄傲。关于都江堰的历史记载中，最早、最全面、最清楚的材料是这样的：

> （李）冰乃壅江作堋，穿郫江、检江，别支流双过郡下，以行舟船。岷山多梓柏、大竹，颓随水流，坐致材木，功省用饶；又溉灌三郡，开稻田。于是蜀沃野千里，号为陆海，旱则引水浸润，雨则杜塞水门，《故记》曰：水旱从人，不知饥馑，时无荒年，天下谓之天府也。

这一段十分重要的记载，就见于《华阳国志·蜀志》。可以说，没有这段记载，今天对于古代都江堰的历史就会感到很不清楚。仅此一例，已可知《华阳国志》的价值之大。当然。也就可见常璩这位方志大家对后世的贡献之大了。

根据《隋书·经籍志》和《通志·艺文略》的记载，常璩还撰有记述成汉时期历史的《汉之书》十卷、《蜀平记》十卷、《蜀汉伪官故事》一卷，可惜这些地方史著作均已散佚不存了。

玄奘成都受戒

凡是对中国历史略有所知的人，没有谁不知道玄奘的大名。他是我国古代致力于中外文化交流的杰出代表，是中西交通的开创性人物，是古代世界第一流的佛学大师、翻译家和旅行家。同时，他又是著名小说《西游记》中唐僧的原型。可是，他是在哪里正式受戒、在哪里精研佛理的呢？是在成都。这一点可能很多人都不太清楚。

玄奘本名陈祎，洛州缑氏县（今河南偃师）人，大约生于隋文帝开皇二十年（600年）。他二哥叫陈素，早已出家于洛阳净土寺，法名长捷。由于他自幼聪慧而懂礼节，故而他二哥有心培养他入佛门光大佛法，经常带他到寺中加以佛教的启蒙教育，教他诵经，让他在佛事道场中耳濡目染，使之坚定了献身佛门的信念。十三岁那年，就以幼年而被净土寺破格录取，出家为僧，不久就在寺中讲解学习佛经的心得，深得寺内外佛门弟子的嘉许。

隋末唐初，中原大地一片烽火，不少高僧纷纷远游四川，在比较安定的成都讨论佛法。为了得到继续深造，玄奘兄弟二人遂长途跋涉，来到成都，住于空慧寺。此时，成都高僧云集，四方前来学习的僧人也不少，每逢法师讲经，听者都在数百人以上。在吴、蜀、荆、楚等各地僧人之中，"亭亭独秀，不杂埃尘，……廓宇宙以为志，继圣达而为心"的玄奘颖脱出众，他"敬惜寸阴，励精无怠"，三年中，成绩大进，精通了佛教的主要经典，自己也能登坛讲经，成为道基、宝暹等法师的高足弟子。唐高祖武德五年（622 年），玄奘在成都正式受了"具足戒"。

戒即戒律。凡佛教徒都必须遵守佛教的若干条清规戒律。法师要向一般的僧尼传戒，要求学习佛法、皈依佛门的僧尼则要去受戒，或叫求戒，这是要在一定的宗教仪式上才能正式进行的。戒律有五大类，初入佛门的小沙弥只遵守十戒，当学习到了一定程度时，所受的最高程度的戒律叫比丘、比丘尼戒。因为这种戒律必须具足一切条件（十位僧人、结界立标、正式仪式）才能授受，所以又称为具足戒。凡受具足戒者，必须遵守戒律二百五十条。受具足戒后，就成为僧众公认的正式僧人，也就有资格被人尊称为法师了。所以，玄奘在成都受具足戒，是他一生中的一个大事件。

玄奘受具足戒后不久，就已穷研成都所有的经论，西蜀一井已关不住渴求沧溟的大鹏，他向空慧寺中准备长住成都的兄长辞别，打算再度远游。哥哥舍不得弟弟，苦留不放。为了深入探求佛理，他只好瞒着哥哥，和商人结伴，在成都坐船由岷江而长江，东下荆州。在天皇寺讲经之后，再北上，经桐州（今河南汤阴）、赵州（今河北大名），最后到了长安，以后就跋涉西域，取经学佛去了。

由于玄奘法师是在成都受的具足戒，所以，在经过若干波折之后，法师的部分顶骨被送到成都文殊院珍藏，供广大佛门弟子供奉瞻仰。

王勃旅游蜀中

唐朝人最喜欢斗鸡。尤其是上层贵族子弟，以至到狂热地步。王子、外戚、公主、侯家为了斗败对方，不惜倾家荡产去购买好鸡。唐玄宗时代，有斗鸡小儿因为善于饲养、训练斗鸡而得到高官厚禄。可是初唐四杰之一的王勃，却因为写了一篇关于斗鸡的游戏文章，而遭到贬谪，才来旅居西川。不过坏事变好事，蜀川之行的结果如其友人杨炯所说是"神机若助，日新其业；西南洪笔，咸出其辞；每有一文，海内惊瞻"。他来川期间，创作上取得了很大的成就。

王勃（650或649～676年），字子安，绛州龙门（今山西河津）人，隋末大儒王通的孙子。由王勃上数八世，代代人都有著作。生在这样一个有深厚文化教养的家庭，加上他特殊的早慧，所以六岁便会写文章，九岁读《汉书》，能指出颜师古注释中的错误。十四岁，对当时流行的"上官体"诗风提出不同意见。十六岁时向当时的右相刘祥道上了有名的《上刘右相书》，对当时的内政外交的方针大计提出意见，深得时人赏识。以后，在刘祥道的推荐下，于乾封元年（666年）应"幽素科"及第，后经过诠选，进入沛王府任修撰。沛王，就是后来称为章怀太子的李贤，是武则天的第二个儿子。担任这位王子的文学侍从，那是经过严格挑选的，因而也是一个前途美好的职务。总章二年（669年）春天，十六岁的沛王李贤（实岁不足十五岁）和他十四岁的弟弟周王李显（后改封英王，即后来的唐中宗，实岁不足十三）斗鸡。当时春天斗鸡乃是长安贵族少年的狂热风习，而权倾一时的武皇后的两个亲生王子斗鸡，其规模和场面更是非凡，双方的僚属都赶来凑热闹。在这种场合下，王勃作为一个高才得志的青年（虚岁二十一），便乘兴写了一篇《檄英王鸡文》，为自己主子李贤的鸡"助威"。文中难免要夸己之凤，丑人之鸦。谁知王子们的爸爸唐高宗李治见到后，竟勃然大怒，斥为"交构之渐"（拉帮结派的开始），即日把王勃斥出王府（开除公职）。为什么唐高宗发这么大的火？因为唐代王子们争夺接班人位置是极严重的问题，唐高宗本人、甚至他父亲李世民都是在弟兄争斗残杀中登上皇位的。王勃的这篇游戏文章无意中触到他们这根敏感的神经，因而招致横祸。

王勃遭此打击，开始很消沉。好友杨炯约集一批文士来看他、安慰他。在朋友鼓励和家人的支持下，他决定到外面走一走，换换环境，于是开始了他二十九个月的西川之游。总章二年（669年）五月，他从长安出发了。踏上入蜀的剑门古道，沿途"采江山之俊势，观天下之奇作"，看到了蜀道上"丹壑争流、青峰杂起，陵涛鼓怒以伏注，天壁嵯峨而横立"的"宇宙之绝观"。他心胸为之一开，沿途写成三十首诗，编为《入蜀纪行诗》一卷。今天，还有一部分留存下来。如初离长安之《始平晚息》：

观阙长安近，江山蜀道赊。客行朝复夕，无处是乡家。

始平，西汉五陵县之一。汉昭帝筑陵置县，治今陕西省咸阳市西北。属右扶风。三国时期魏改名始平县（今陕西兴平市）。这是他踏上入蜀之路的开端。行过扶风后，即由宝鸡南下大散关，越秦岭，经凤州，穿勉县境，南入剑阁。路上有《林塘怀友》一绝云：

芳屏画春草，仙杼织朝霞。何如山水路，对面即飞花。

写出了蜀道上的感受和投身大自然怀抱的喜悦情怀。行经剑门山区时,只见剑门七十二峰峭壁矗立,高入云霄,宛如利剑插天;嘉陵江及其支流,盘旋峭壁之下,形成万尺深渊。举头上下,山川都在云雾中。诗人在《普安建阴题壁》中写道:

> 江汉深无极,梁岷不可攀。山川云雾里,游子几时还?

如此崎岖险阻,不由得诗人还未走完就感叹归期了。六月,抵达绵州(今四川绵阳),稍稍小住后,即到梓州(今四川三台)。年底,往来于梓州、玄武(今四川中江)一带;次年(670年),在梓州、玄武、飞乌(今四川中江仓山镇)、金堂、广汉一带游居。

因为王勃的文名,所到之处,地方官都待如上宾,请他为寺庙撰写碑文。在今三台写了《兜率寺碑》《灵瑞寺浮图碑》《慧义寺碑》及《通泉县惠普寺碑》;在今中江一带,写了《玄武县福惠寺碑》《飞乌县白鹤寺碑》;在今德阳写了《善寂寺碑》。蜀中山水的秀美和写作生活的愉快,使他精神振奋了些。在梓州所写《涧底寒松赋》中,用左思诗意、以涧底松自况,并安慰自己:"信栋梁之已成,非榱桷之相假。徒志远而心屈,遂才高而位下。其在物而有焉,余何为而悲者?"在《青苔赋》中更以"耻桃李之暂芳,笑兰桂之不永,故顺时而不竞,每乘幽而自振"来自我砥砺。这段时间,他游览了中江的玄武山、圣泉,金堂的昌利观,广汉的三觉山佛迹寺等,都有诗文记载。他看到广汉山谷间的慈竹,写了有名的《慈竹赋》,对于四川慈竹"生必向内,示不离本,修茎巨叶,攒根沓柢,丛之大者或至百千株焉而萦结逾乎咫尺"的形状作了细致的描绘,同时寄托了"抚高节而兴叹,览嘉名而思旧"的感情,写作技巧非常之高。

总章元年就已入川任新都县尉的卢照邻,听说王勃住在玄武(中江),立刻来看他。其时另一诗人邵大震亦寓居玄武,三人于重九日同登玄武山,邵大震有诗云:

> 九月九日望遥空,秋水秋天生夕风。寒雁一向南飞远,游人几度菊花丛。

卢照邻和诗云:

> 九月九日眺山川,归心归望积风烟。他乡共酌金花酒,万里同悲鸿雁天。

王勃的和诗是:

> 九月九日望乡台,他席他乡送客杯。人今已厌南中苦,鸿雁哪从北地来?

这就是有名的卢、王玄武山唱酬。

咸亨元年（670年）秋，王勃来到成都。由于他的诗文创作极负盛名，所以一到成都，就受到当时益州都督府长史李崇义的接待。还请王勃为新扩建的孔庙写碑，这在当时是莫大的荣幸。王勃殚精竭虑，写了这篇洋洋大文，声名大震。后来杨炯评为"宏伟绝人，稀代为宝，正平之作，不能夺也"。反映了此文在人们心目中的地位。王勃在成都还游览了武担山寺（在今成都北较场），描写了当时登高所见：

> 碧鸡灵宇，山川极望；石闼长河，汀洲在目。

> 龙镳翠辖，骈阗上路之游；列榭崇闱，磊落名都之气。

从此可以看出当时成都的繁荣。在成都，诗人送别好友薛曜，有《重别薛升华》：

> 明月沈珠浦，秋风濯锦川。楼台临绝岸，洲渚亘长天。旅泊成千里，栖遑共百年。穷途唯有泪，还望独潸然。

老朋友穷途相伴，异乡为别，是倍感凄清的。这诗写的风物，即今成都市万里桥东边一带景色，当时水路离成都，均在此处上船。冬天，他出成都东门，沿锦水眺望，有

《冬郊行望》诗：

桂密岩花白，梨疏林叶红。江皋寒望尽，归念断征蓬。

这诗写了成都东门外景色，抒写了久客未归的心情。咸亨二年（671 年），王勃到了九陇（今四川彭州），与县令柳太易相处"高谈胸怀，颇泄愤懑"，应邀写了《九陇县龙怀寺碑》。面对着青城山下成都平原的融融春光，还写了一首《春思赋》。诗中先描写蜀地春光：

蜀川风候隔秦川，今年节物异常年。霜前柳叶衔霜翠，雪里梅花犯雪妍。

接着，用大段篇幅"遥忆帝乡春"，写想象中长安春天的闹热。最后抒写怀抱：

余复何为此，方春长叹息，会当一举绝风尘，翠盖珠轩临上春。……长柳未达终希达，曲逆长贫岂剩贫。年年送春应未尽，一旦逢春自有人。

情思浩荡，轻盈婉约，欣欣向荣，生机勃勃，表现出既有不满，又有追求，是那个时代青年充满信心的春天的歌唱。

这年夏天，王勃到了绵竹，写了《益州绵竹县武都山净惠寺碑》。自夏到秋，往来于绵州、梓潼一带，准备北返长安。六月，应梓潼县令韦某之邀，参加梓潼南江泛舟游玩，

"舣舟于江潭，纵观于邱壑"，"觉瀛洲方丈，森然在目"。脍炙人口的《山中》，亦作于这个秋天：

> 长江悲已滞，万里念将归。况复高风晚，山山黄叶飞。

他动身返长安前夕，绵州地方的故交新友，为他举行宴会。盛友高会，情意绵绵，王勃激于这温暖的友情，写了《绵州北亭群公宴序》，用他那矫如游龙的俊笔，再一次描绘了蜀地风光人情的美好。

至此，王勃结束了他两年多的蜀川之行，带着创作上的丰收，于咸亨二年冬天回到长安。以后，他通过参选，曾任虢州参军，因事犯法，带累其父远谪交阯。他出狱后，去交阯省视，途经南昌，作了名垂千古的《滕王阁序》。不幸的是，他经广州上船后，海船失事，南海的巨涛吞没了这位不甘心沉没的年轻诗人。

卢照邻风月锦官城

初唐"四杰"都不是四川人，却与四川有不解之缘。其中，尤以卢照邻在蜀地活动时间最长，前后约十多年。他浪游成都时，跟一个姓郭的四川女子恋爱、同居，而最后以悲剧结束，这是人们时常谴责他的话题。其实，他自己的一生，又是一场更大的悲剧。

卢照邻（约630～680年），字昇之，幽州范阳（今河北涿州）人。十多岁时，曾随曹宪学文字学；又向王义方学经史，所以博学而善写文章。因有文名，二十岁就入邓王李元裕（唐高祖的第十七个儿子）府中任典签。邓王的二十车图书，都交与他总揽。他利用机会，熟读了这些典籍。邓王在高宗时代，曾历任寿州和襄州刺史，后来在兖州都督任上死去。在寿、襄两任上，卢照邻还在他属下，以后就离开王府到西蜀来了。唐高宗显庆四年（659年），卢照邻到了梓州（今四川三台），有《赠李荣道士》一诗。此后六七年，卢照邻都在蜀中。大概乾封元年（666年），他已经在益州都督府下任低级官职了。当时的益州长史胡树礼为自己死去的继母和女儿造供奉画像，赞文就是请卢照邻写的。

在浪迹蜀地的六七年中，卢照邻遍游了成都的名胜古迹，写了许多关于成都风物的诗歌。唐时成都正月十五日灯会最热闹，卢照邻有《十五夜观灯》记其事：

> 锦里开芳宴，兰缸艳早年。缛彩遥分地，繁光远缀天。接汉疑星落，依楼似月悬。别有千金笑，来映九枝前。

记述这种游乐场面的，还有《辛法司宅观妓》和《益州城西张超亭观妓》等诗。诗中可见初唐时成都歌舞之盛，而且卢照邻大概是参与这种游乐的活跃分子。他还去文翁石室瞻仰，写了《文翁讲堂》一诗，看到"空梁无燕雀，古壁有丹青"的情况。他还去成都西郊的"相如琴台"凭吊，写诗说："云疑作赋客，月似听琴人。寂寂啼莺处，空伤游子神。"由司马相如想到自己的漂泊。他还去石镜寺游玩，写了《石镜寺》一诗。石镜寺，又名"武担山寺"，因为寺

中有武担山（在今成都市北较场）而得名。相传武都有个
男子化为女子，颜色美好，蜀王娶以为妃，不多久死了。
蜀王派人到武都担土，葬她于成都，盖地数亩、高十丈，
故名叫武担山。据说那上面有一石如镜，直径一丈五，其
实就是墓表。唐宋以来，一直存在，现在据说埋入土中了。

乾封二年（667 年），他奉命到长安办理公务，上路不
久，写了《奉使益州至长安发钟阳驿》一诗描绘蜀中景色：

跻险方未夷，乘春聊骋望。落花赴丹谷，奔流下
青嶂。葳蕤晓树滋，混漾春江涨。平川看钓侣，狭径
闻樵唱。蝶戏绿苔前，莺歌白云上。耳目多异赏，风
烟有奇状。

钟阳驿在今绵阳西南三十里，仅仅是出蜀路线的开始。以后，
他沿路都写诗描绘这"石径萦疑断，回流映似空，花开缘野
雾，莺啭紫岩风"的蜀道春景。他到长安住了约两年，又担任
新都县尉的职务，于总章二年（669 年）五月，抵达成都。他
听说王勃住在玄武（中江县），就专程走访，在重九日登玄武
山酬唱。他有《宿玄武二首》以记其事，其一云：

方池开晓色，圆月下秋阴。已乘千里兴，还抚一
弦琴。

当时的新都县，属于益州都督府管辖，所以他因公常

来成都。大约任新都县尉不久，就和成都街道上一位姓郭的女孩子恋爱了。两年后，即咸亨二年（671年），他离开成都北归长安时，郭氏已经怀孕。据后来郭氏对骆宾王讲的情况是："别时分明相约束，已取宜家成诫勖。"意即分别时双方信誓旦旦，卢照邻许下了旋即归来与郭氏正式结婚的诺言。然而，男人一去不返，在艰难竭蹶中，郭氏生了孩子，却又因病夭逝，她悲痛之余，茫然地等待下去……但卢照邻究竟为什么不转来呢？原来他已沉疴在身，力不从心了。他辞官离蜀北去，就是为了治病。他先在长安西边太白山中吃药治疗。咸亨四年（673年），正当郭氏对着骆宾王"控诉"他喜新厌旧，"君住三川守玉人"的时候，他却在长安向大名医孙思邈先生问医道，求治疗。他患病的症状是半身麻木，四肢萎坠，五官坏缺，眉发脱落，当然是一种很严重的风疾。后来他住在具茨山下，颍水边，先造了一座坟墓，偃坠其中。最后，他不堪疾病的折磨，与亲属诀别之后，自投颍水而死，结束了他怀才不遇悲苦的一生。如果郭氏了解到这一切，一定会原谅这位可怜的诗人的。

射洪才子陈子昂

我国古代文学发展史上，南北朝时期的诗坛一度被形式华丽浮艳而内容苍白纤柔的齐梁体诗风所笼罩。初唐时期，仍以这种齐梁体为主。王勃、杨炯、卢照邻、骆宾王等人曾力图改变，但效果并不太大。继初唐四杰以后，文坛上出现了一位诗歌革新的骁将，他在理论上有鲜明的主张，在创作上有成功的佳作，这位诗人就是被后人誉为"继往开来，中流砥柱，上遏贞观之微波，下决开元之正派"的蜀中才子陈子昂。

陈子昂（659～700年），字伯玉，梓州射洪（今四川射洪）人。少年时任侠习武，到青年时"感悔"学业未成，乃认真读书。他既专心致志，又聪慧过人，进步很快。陈子昂当年读书之处，在宋代就有乡里的仰慕者修筑纪念性建筑。直到今天，射洪金华山仍有著名的陈子昂读书台，还供奉有陈子昂的遗像。

陈子昂的成年时期是在北方度过的，他二十一岁入京，以一篇《谏灵驾入京书》而驰名远近，善于选拔人才的武则天"奇其才"，授以麟台正字之职，掌管校正书籍，再升为右拾遗，负责向朝廷进谏。三十八岁从武攸宜征契丹。四十岁，因与武周集团矛盾激化，辞官归隐，居于射洪西山，以种树、采药、著述自乐。

在京期间，陈子昂不仅写了不少有名的诗歌，更重要的是，他公开地大声疾呼"文章道弊五百年矣"，号召要讲"风骨"，希望大家都写"骨气端翔，音情顿挫，光英朗练，有金石声"的作品。他的《和东方左史虬修竹篇序》，是唐诗革新的宣言书，在当时文坛上起了振聋发聩的重要作用。与此同时，他还多次上书言政，批评武则天的若干失误，提出很多可取的政见，希望出现"使人乐其业，甘其食，美其服"的新局面。

陈子昂还曾两次从军，参赞军务，西至张掖，东至燕山。他不仅就军务提出自己的意见，还自愿率先锋队在前方冲杀。他最负盛名的诗篇《登幽州台歌》，就是他随军东征，因指斥主将武攸宜昏庸致败，被武攸宜撤职之后，写出的燕赵悲歌：

> 前不见古人，后不见来者。念天地之悠悠，独怆
> 然而涕下。

还乡之后的陈子昂，虽闭门在家，仍不免被贪暴的县
令段简在朝中奸臣武三思的指使下害死狱中，年仅四十三
岁。所以杜甫有诗写道："遇害陈公殒，于今蜀道怜。"

陈子昂去世之后，因其在文学创作上的巨大成就，而
受到后人的长期敬仰。唐代宗大历年间（766～779 年），东
川节度使李叔明就为之立"旌德碑"。他读书的学校在唐代
就已被当作纪念地而保存，一直延续到今天射洪金华山的
读书台，可有一千多年的历史了。

金代著名诗人元好问在《论诗三十八首》中说：

> 沈宋横驰翰墨场，风流初不废齐梁。论功若准平
> 吴例，合著黄金铸子昂。

这是历代公认的对陈子昂在中国文学史上卓越贡献的
准确评价。

高适总戎蜀中

　　在经济、文化均十分繁荣的唐代的四川，曾接待了当时全国文坛上的很多佼佼者。在这一大批曾客寓四川的文豪之中，在四川官位最高的当推著名边塞诗人高适。

　　高适（约 700～765 年），字达夫。渤海蓨（今河北景县）人。他年轻时曾主动去到北方边境，欲从军作战，为国效力。虽未能如愿，但他亲历边境的生活，使他写出了一批十分成功的描绘边塞生活与风光的诗篇，成为唐代边塞诗人的代表。他大半生过着在乡间渔樵和在各地漫游的生活。快五十岁才进入仕途。759 年，他入蜀任彭州刺史。此后，转蜀州（今四川崇州）刺史，升剑南西川节度使，在蜀中共住了六年。

　　高适到达蜀中时，正是国事多难、风雨飘摇之时，北方的安史之乱还未平息，西边的吐蕃又在向内地发动进攻。所以，他是抱着"心怀百忧复千虑"的心情到蜀中任职的。他在政治上，决定"政存宽简"，让百姓生活尽可能过得下去。他在军事上，先后平息了梓州（今四川三台）刺史段子璋和南兵马使徐知道的叛乱，并尽力组织力量抵御了吐蕃向蜀西北地区松州、维州、保州的侵扰，为蜀中局势的稳定和人民生命财产的安全做出了重要贡献。764 年，他被召还京。第二年，就在京城逝世了。由于他在四川担任过剑南西川节度使，是威镇一方的最高军政长官，所以史书称他是"以诗人为戎帅"。在唐代名诗人中，也算绝无仅有了。

高适在四川时期，军政事务繁忙，创作不如过去丰富，但他的诗文中仍反映了当时四川的不少情况。如：

> 田土疆界，盖亦有涯，赋税差科，乃无涯矣。为蜀人之计。不亦难哉！

这就鲜明地指出了当时老百姓生活之苦。他的《西山三城置戍论》则是记述当时四川政治、经济、军事形势的一篇重要文章。

高适在蜀中的几年中，大诗人杜甫也在成都流寓（其实，杜甫所以从北方来到成都，也就是投奔他的诗友高适而来的），高適不仅在生活上予以资助，还和杜甫进行诗歌唱和。现存于高適的作品集《高常侍集》中的《赠杜二拾遗》和《人日寄杜二拾遗》两首诗，就是高適赠给杜甫的诗篇。

海通法师建大佛

　　大文豪苏东坡有这样一首著名的诗：

　　　　生不愿封万户侯，亦不愿识韩荆州。但愿身为汉
　　嘉守，载酒时作凌云游。

汉嘉，即今天的四川乐山。凌云，就是乐山的凌云山。直
到今天，凌云山的石壁上还可见到"苏东坡载酒时游处"
的石刻题字。位于岷江、大渡河、青衣江三江汇合处的凌
云山，以它雄奇美妙的风光，吸引了古今的游客。以至有
"天下之山水在蜀，蜀之山水在嘉州，嘉州之山水在凌云"
之誉。凌云风光中最吸引人的是举世闻名的乐山大佛；而
建造大佛的主持者，则是值得人们永远怀念的海通法师。

　　海通是法师的法号，其俗名已不可考。只知法师本是
贵州人，唐玄宗初年游历来蜀，遂结庐于山水清幽的凌云

寺中。他在山上见到山下三江汇流之处水流湍急，惊涛拍崖，暗旋处处，行船至此，时常有船覆人亡的悲剧出现。法师为了行善，决心在江边的山崖上开凿弥勒佛的巨像，用来降服恶水，镇平巨浪，保护行船安全。为此目的，他云游四方，远达江淮，募集所需的巨款。诚心所至，助者如云，法师终于募集到一笔可观的款项，然后亲自规划方案，组织人力，主持施工。713年，巨大的开山凿像工程终于动工了。可是当地的某些贪官却借口生事，妄图向法师勒索钱财。法师严词拒绝，正色答道："自目可剜，佛财难得！"贪官恼羞成怒，万般威逼，法师竟当着众官之面，毅然挖掉自己一只眼睛。贪官吓呆了，再也不敢提出钱财之事。此事一传开，各地佛门弟子与热心公益的广大士民万分感动，纷纷前往出钱出力。工程遂得以顺利进行。海通法师则全年住在大佛左后方一个约二十米深的山洞中，主持整个工程。遗憾的是，由于大佛规模太大，工程只进行到一部分，法师即病逝于山洞之中。法师的后继者一直工作到803年，才将大佛凿成，前后历时九十年之久。

今天，这尊世界第一的巨大坐佛，以其身高七十一米的雄伟身躯，屹立在三江之口，吸引着中外数不清的参观者。大佛虽然不可能起到镇服恶水、保护行船的作用，但同其他宗教艺术品一样，在它身上体现出来的我国祖先鬼斧神工一般的高超技艺、匠心独具的艺术魅力，却是永远值得我们尽力保护、代代瞻仰的。而大佛的主持者海通法师那种普度众生的胸怀、忠诚于事业的决心、嫉恶如仇的气概，更是值得人们千秋怀念的。

如今，在那"山是一尊佛，佛是一座山"的乐山大佛左后方，当年海通法师住过的山洞中，还供奉着海通法师的坐像，洞额有清乾隆年间四川按察使顾光旭所题的"海师洞"三个大字。海师洞已成为凌云山风光中的一个重要组成部分，供后人永远瞻仰、凭吊。

吴道子挥笔写嘉陵

在中国绘画史上，有一位既被历代画家推崇为"画圣"、又被民间绘画、塑像艺人尊奉为"祖师"的大画家，他就是唐代最著名的画家吴道子。

吴道子（约685～758年），又名道玄，河南阳翟（今河南禹州）人。自幼就过着孤苦贫困的生活。但他从小就喜欢跟着民间绘塑工匠学习绘画和塑像。由于他刻苦用工，"年未弱冠"就已"穷丹青之妙"。成年后，担任过低级官吏，但更多的时间是到各地漫游作画。他在四川游历时，深深为四川的山水所陶醉，遂花了很大功夫在四川进行山水画写生，因而画技大进。当他后来到洛阳为各个寺庙画壁画时，娴熟的技艺使他很快就名扬洛阳。唐玄宗知道后，特地将他召到长安宫中担任了宫廷画师，还任命他担任了一些闲散的官职。于是，他就较长期地在长安地区作画。据《宣和画谱》载，他在兴善寺中画门神像时，"长安市肆老幼士庶竞至，观者如堵"。有时，观众们甚至为他挥洒自如的高超技能而欢呼，以至"惊动坊邑"。他也曾跟随唐玄宗到各地巡游，在各地作画。在他的笔下"凡画人物、佛像、鬼神、禽兽、山水、台殿、草木，皆冠绝于世"。

吴道子绘画生涯中最精彩的一次是画嘉陵江山水。据《唐朝名画录》记载：唐玄宗听别人说嘉陵江山水美妙无比，就派吴道子去四川沿嘉陵江参观写生。吴道子重游四川，十分高兴，对嘉陵江山水进行了仔细地观察和揣摩，为画嘉陵江巨画作了充分的准备。待他回长安后，唐玄宗问他带了多少画稿回来，他胸有成竹地说："臣无粉本，并记在心。"玄宗命他当场在大同殿壁上绘画，他立即挥笔，在一天之内一口气绘完了"嘉陵江三百余里"的无限风光。

吴道子一生中画了大量壁画，也画了很多卷轴，但流传至今的只有一幅《送子天王图》，还不完全可靠。但从唐代以及后世的记载看来，吴道子的艺术成就的确是相当高的。他画的人物，可以见到脂粉的厚薄、骨骼的起陷，视之"如塑"，被时人推为样板，称为"吴家样"。特别是他笔下功夫纯熟，在线条的运用上达到了炉火纯青的地步。

古人称他"下笔有神""古今独步",素有"吴带当风"之称。故而早在唐末吴道子就被尊为"画圣"。他在艺术上取得这样大的成就,原因是多方面的,他在四川的写生应当是其中重要的一个方面。正如唐代张彦远在《历代名画记》中所说:"因写蜀道山水,始创山水之体,自为一家。"所以,当人们想到吴道子时,就不能不想到陶冶了这位"画圣"的蜀中山水。

青莲居士李白

李白是我国也是全世界古代最伟大的诗人之一，这早已是举世公认的。

李白（701～762 年）是哪里出生的，学术界至今还在争论之中。主要的意见有两种：一是说生于蜀中，具体地点为唐代的绵州昌隆县（今江油市青莲镇）；一是说五岁时自西北迁入四川。但是，李白是在四川长大的，他从来以蜀人自居，这一点却是肯定的。李白中年时自称"青莲居士"，又在诗中自称"家本紫云山"，紫云山就在今天的四川绵阳市境内，距青莲镇很近。他还在其他诗中称司马相如为"乡人"、称川江为"家乡水"，唐代其他学者也视李白为"蜀人"。所以，李白是出自于四川的大诗人，这一点是完全可以肯定的。

富饶而清幽的蜀中山水，孕育着诗人的成长，诗人的笔下，也极为热爱自己的家乡。他曾写过"草树云山如锦绣，秦川得及此间无"之类的诗句。

从五岁到十五岁这十年，是李白在家中认真攻读、学书、学剑的时期。王象之在《方舆胜览》中记载了一则很有名的传说：李白少年时曾在眉州（今四川眉山）象耳山读书，认为读书很苦，想玩。一天在山下看见一位姓武的老媪正在小溪边磨一根钢杵。李白问她磨杵做什么，老媪回答说要磨成一根针。李白大受感动。从此发愤苦读，再不畏难。此事是否是史实可以不论，但"不怕功夫深，铁杵磨成针"这一句著名的谚语，却一直流传到今天。

蜀中悠久的文化传统深深地影响着努力学习的李白。根据他后来的追述"余小时，大人令诵《子虚赋》，私心慕之"，可见他很早就是司马相如作品的崇拜者。而到了十五岁时，就已能写出一手漂亮的辞赋，用李白自己的话说是"十五观奇书，作赋凌相如"了。现存的《拟恨赋》《明堂赋》《大猎赋》很可能就是他青年时的作品。此时的李白，其才华已初露，据《唐诗纪事》引北宋的《彰明逸事》载："太白齿方少，英气溢发，诸为诗文甚多，微类宫中行乐词体。今邑人所藏百篇，大抵皆格律也。"

大约在十八岁时，他专门去今天的江油市南的匡山读书（后人曾在匡山修建李白读书台与李白祠作为纪念，今已不存）。这以后，李白就在附近的江油、剑阁等地游历，写有《赠江油尉》《剑阁赋》等作品留传至今。在这期间，他认识了著名学者赵蕤，从其受业年余。二十岁时，来到蜀首府成都，写过一些描绘成都的诗篇。如《登锦城散花楼》：

日照锦城头，朝光散花楼，金窗夹绣户，珠泊悬银钩。飞梯绿云中，极目散我忧。暮雨向三峡，春江绕双流。今来一登望，如上九天游。

李白在成都时，曾大胆地主动拜望当时担任益州大都督府长史的散文家苏颋。苏颋与李白交谈之后，对这位年轻的才子作了如下评价："此子天才英丽，下笔不休，虽风力未成，且见专车之骨（专车之骨，指前人作品的遗风，这是一个较生僻的典故转用。语出《国语·鲁语下》）。若广之以学，可以相如比肩也。"这里，苏颋很客观地分析了李白的长处与短处，认为他有才华，勤奋，但尚未形成自己的风格。如果能下苦功夫，扩大知识面，广泛吸收前人成果，就可以达到司马相如那样的成就。应当说，他的评价是恰当的，而且对李白的进一步努力指出了正确的方向。

值得一提的是，李白到成都不久，又去游了著名的仙山峨眉。峨眉的灵秀山水给他留下了极深的印象，不仅写了若干优秀的诗篇，而且在以后的一生中多次在诗中忆峨眉、写峨眉，以峨眉代表蜀地、代表家乡。他在登峨眉时，写了《登峨眉山》：

蜀国多仙山，峨眉邈难匹。周流试登览，绝径安可悉。

他在峨眉听琴时，则写了著名的《听蜀僧濬弹琴》：

蜀僧抱绿绮，西下峨眉峰。为我一挥手，如听万壑松。客心洗流水，遗响入霜钟。不觉碧山暮，秋云暗几重。

大概是在外出游学中见识了更多的东西，也更加发现了自己的不足，接受了苏颋等人的指点。在成都、峨眉等地游历一年以后，李白又回到匡山潜心苦读，两三年中很少写作。二十四岁时，他才决定离家远行，去创造一番大事业。他说："士生则桑弧蓬矢，射于四方，故知大丈夫必有四方之志，乃仗剑去国，辞亲远游。"他先去了成都，并再游峨眉，似乎是有意向古都名山告别。以后，他写下了脍炙人口的《峨眉山月歌》：

峨眉山月半轮秋，影入平羌江水流。夜发清溪向
三峡，思君不见下渝州。

平羌江，就是今天峨眉山下的青衣江；清溪驿，就是今天
的犍为县。由这一首告别诗中可知，诗人是从峨眉山下，
走水路顺岷江再入大江东下的。在东下途经三峡时，他曾
攀登巫山最高峰，写过一首诗，题名就叫《自巴东舟行经
瞿塘峡，登巫山最高峰，晚还题壁》。而在他离开白帝城
（今四川奉节）时，则写下了我国古代诗歌中最负盛名的诗
歌之一《早发白帝城》（这诗也有人认为晚年流放遇赦东归
作）：

朝辞白帝彩云间，千里江陵一日还。两岸猿声啼
不住，轻舟已过万重山。

诗人从今四川奉节乘轻舟顺流东下，一日即出峡直抵今湖
北江陵，飞驰的船舟将诗人送离了乡土，但又更加牵动了
他深切的依恋不舍之情，他在大江上举目西望，思绪万千。
所以，他在江陵（即荆州治所）又写了一首《荆门游舟望
蜀江》的诗，其中有：

春水月峡来，浮舟望西极。正是桃花流，依然锦
江色。

这一年，诗人年方二十五岁。

出蜀之后，李白漫游四方，从此再未返回家乡。可是，他无论何时，都常常思念着家乡，写下了若干怀念家乡的诗篇。例如，他见花即生乡情，写出了：

> 蜀国曾闻子规鸟，宣城还见杜鹃花。一叫一回肠一断，三春三月忆三巴。

他怀念自己青年时的老师与家乡的先贤，特地寄诗给赵蕤，写下了：

> 国门遥天外，乡路远山隔。朝忆相如台，夜梦子云宅。

他希望回乡再上峨眉仙山，在送友人的诗中写道："尔去之蜀游，我还憩峨眉"。他常常向别人抒发他对蜀中山水、城郭的推崇与热爱，他写道：

> 九天开出一成都，万户千门入画图。草树云山如锦绣，秦川得及此间无。

此外，如"柳色来绕秦地绿，花光不减上阳江"；"北地虽夸上林苑，南京（唐玄宗入蜀时，改成都名为南京）还有散花楼"；"水绿天青不起尘，风光和暖胜三秦"等很多诗句。当然，李白的怀乡之作中最为人们所传颂的，莫过于那首堪称千载名篇的《静夜思》：

> 床前明月光，疑是地上霜。举头望明月，低头思
>
> 故乡。

这首仅有二十个字的直抒胸臆的小诗，千百年来不知在多少人心中引起了乡思的共鸣，成为我国文学作品中表现思乡之情的代表作。

对于李白这样为蜀人争光、为中华争气的优秀儿女，家乡是永远也不会忘记他的。诗人的家乡，即今天江油市青莲镇，太白故里的美名早已传遍九州。在这里，有曾经是李白故宅的陇西院，有相传是诗人青少年时代的读书之地太白洞和洗墨池，有为寄托哀思而兴建的李白衣冠墓，有专门为拜谒诗人而恭立的太白祠，还有据说是诗人之妹月圆所居的旧址粉竹楼和遗冢月圆坟。这一组自北宋即开始建立并陆续发展的纪念建筑群，加上近年添入的规模不小的李白纪念馆，就构成著名的李白故里。最近，海内学者和当地热心者已共同成立李白研究会于李白纪念馆，使人们对李白的怀念、仰慕和对李白作品的研究、继承达到了一个新的时期。

岑嘉州病死成都

　　岑参（约715～770年），江陵（今湖北荆州市荆州区）人，是唐代最著名的边塞诗人之一，文学史家将他与高适并称。他和高适一样，也是晚年来到蜀中，不过他入蜀之后，就未再回到家乡了，而是病死在成都的。在唐代入蜀的著名诗人中，死于蜀中的只有两位，一位是贾岛，另一位就是岑参。

　　岑参的青年时代是在河南的嵩山之下度过的。也就是在这里，他刻苦攻读，并开始了自己的诗歌创作。二十岁开始，他到长安、洛阳等地游学，结识了很多文坛上的朋友，也写了很多优秀的诗篇。从749年开始，他一生三次去到西北边疆，生活了六年之久，边疆特有的风情与惨酷的战争，使诗人感慨万端，遂写了很多既深刻反映现实，又很富浪漫色彩的诗篇，使他的边塞诗名垂后世。

765 年，诗人五十岁，被任命为嘉州（今四川乐山）刺史。他行至途中，因蜀地发生兵乱，又折回长安。第二年七月，才以剑南西川节度使杜鸿渐的下属身份，与杜鸿渐一起到达成都。路途是艰辛的，"岩倾劣通马，石窄难容车"；但山水是可爱的，"山花万朵迎征盖，川柳千条拂去旌"。他的入蜀诗详尽地描绘了川北道中的情景。

岑参到成都后，或游灌口、登青城；或泛舟浣花溪，拜谒武侯庙；或瞻仰文翁石室讲堂、扬雄草玄台、司马相如琴台、严君平卜肆，这都一一写在他的诗中。他还在诗中写到驷马桥、万里桥、石犀、支矶石等处胜迹，这就使他的诗成为研究唐代成都历史的宝贵资料。如《张仪楼》是这样写的：

> 传是秦时楼，巍巍至今在。楼南两江水，千古长不改。曾闻昔时人，岁月不相待。

读到这首诗，就有如看到一幅唐代张仪楼的照片。

767 年，岑参前往嘉州赴任。到嘉州之后，他曾游凌云寺，上峨眉山，这些也都留在他的诗篇之中。例如《登嘉州凌云寺作》一诗中有这样的诗句：

> 寺出飞鸟外，青峰戴朱楼。搏壁跻半空，喜得登

上头。殆知宇宙阔，下看三江流。天晴见峨眉，如向

波上浮。……

遗憾的是，由于材料缺乏，我们现在无法了解他在嘉州刺

史任上有哪些政绩。

岑参在嘉州只任官一年。768 年七月，即罢官，打算沿

江东下回乡。可是船到戎州（今四川宜宾），即被泸州刺史

杨子琳的叛兵所阻，不能前进，决计改道陆路北归。于是，

他舍舟登岸，乘车到了成都。他在成都住了一些时候，就

染病于客舍之中，大约在 769 年年底，病逝于成都。在他

晚年的诗歌中，记载了由于兵乱给四川人民带来的"杀人

无昏晓，尸积填江湾，饿虎衔髑髅，饥鸟啄心肝……三江

行人绝，万里无征船"的深重苦难；抒发了他"四海犹未

安，一身无所适"的忧闷情怀；他还就西部边防的安排提

出了自己的看法：

兵马守西山，中国非得计。不知何代策，空使蜀

人弊。

总之，诗人晚年的创作中，仍然深怀着忧国忧民的一片深

情。后人对这位诗人一般都以他晚年为官之地而称他为岑

嘉州。他的诗集也就叫《岑嘉州集》。

杜甫草堂怀杜甫

诗圣杜甫的名字，早已传遍世界。中外的杜诗热爱者与研究者一致公认，四川成都的草堂为瞻仰、纪念杜甫的中心，而不是诗人的家乡巩县。这其中自有一番道理。

杜甫（712～770 年），字子美。河南巩县人。他出生于一个"诗是吾家事"的有写诗传统的家庭，自幼学诗，根底深厚。十四五岁就开始与一些诗文之友交往酬唱。他在二十到三十四岁的十多年中，基本上是在全国漫游，足迹遍布半个中国。这段时间，是他接触社会，饱览山川，进行创作的准备时期。

746 年到 755 年，杜甫在长安住了将近十年。这十年，他科举不中，仕途无门，穷困潦倒，疾病缠身，过着"卖药都市，寄食友朋"；"朝扣富儿门，暮随肥马尘，残杯与冷炙，处处潜悲辛"的生活。正是这十年在长安的生活，使他逐步看清了唐王朝统治者的昏庸腐朽和广大人民的深重灾难，使他不再对唐王朝的"盛世"抱有幻想，不再对治国安邦的书生空论产生兴趣，而把忧国忧民的满腔悲愤一步步与诗歌创作结合起来，使他的创作道路发生了明显的变化，不再去向朝廷进献什么《三大礼赋》《封西岳赋》，而写出了《兵车行》《丽人行》这样的控诉统治阶级穷兵黩武的罪恶和荒淫无耻的丑态的著名诗篇。可是，这种诗作在这段时期还不多。诗人的创作只是开始走上了正确的道路，但是还未进入高潮。

唐玄宗天宝十四载（755年），杜甫终于得到了一个可以解决衣食困难的右卫率府兵曹参军的八品小官的职位。可也就在这时，作为唐王朝政治生活转折点的安史之乱爆发了。中原一片战火，杜甫只得带着家小逃难，东藏西躲，艰难万状。数年之中，他虽然有点官职，却在长安、奉先（今陕西蒲城）、白水、鄜州（今陕西富县）、凤翔、华州（今陕西华县）、洛阳、秦川（今甘肃秦安）、同谷（今甘肃成县）等地漂泊。这种生活，使他关心国家命运、民生疾苦的思想在诗作中得到了充分的反映。耳闻目睹的种种社会现实，激发了他火一般的创作热情。几年之中，他写出

了《三吏》《三别》《羌村》《北征》《自京赴奉先县咏怀》
《春望》《秦州杂诗》等一系列著名的不朽诗篇，达到了现
实主义创作的最高峰，被后世称为"诗史"。

困苦的战乱生涯，使杜甫到了拾橡栗、挖黄独（一种
野生的薯蓣科植物）充饥的地步，手足冻坏，四壁空空，
无衣无食，实在生活不下去了，决心远走西川，去投奔任
彭州刺史的诗友高适。

759 年岁末，杜甫一家经长途跋涉，万般辛苦，终于到
达成都。次年春，在高适等朋友的资助下，在成都城西浣花
溪畔修建了一所草堂，总算有了一个安身之处，开始生活在
"舍南舍北皆春水，但见群鸥日日来"的安静环境之中。一
边种药、种菜，一边得到严武等朋友的资助，衣食不成问
题，诗人的心情相当舒畅，一首又一首的好诗写了出来。
762 年，好友严武奉调入京，杜甫远送，到了绵州（今四川
绵阳）。由于严武离蜀，成都少尹徐知道立即发动叛乱。杜
甫只好由绵州到梓州（今四川三台）和阆州（今四川阆中）
避难，共有一年零九个月之久。764 年，严武又被任命为剑
南节度使，回到成都，杜甫才又回到成都草堂。765 年四月，
严武病逝，杜甫在成都失去依靠。这年五月，杜甫就全家离
开成都，经岷江、长江水路东下。九月，船至云安（今四川

云阳）。因杜甫患病，云安县令又与杜甫相识，所以杜甫就舍舟登岸，在云安县小住。766 年春天，移居夔州（今四川奉节）。这年秋天，柏茂琳任夔州都督，他慕杜甫诗名，故而对杜甫多有照顾。杜甫在夔州又修建了一所瀼西草堂，于767 年三月迁入，周围有四十亩果园，稻田百顷，生活比较安定。可这时杜甫的弟弟杜观从湖北当阳给他写信，劝他出蜀。杜甫遂于 768 年初乘船离开夔州赴江陵。两年以后，老诗人就病死于湘江的舟中了。

从 759 年到 768 年，杜甫在四川住了九年。这九年，是他诗歌创作的成熟时期，也是创作大丰收时期。其中，只是在成都浣花草堂，就写诗二百七十一首，占他一生诗作的百分之二十；在夔州，更写诗四百三十多首，占他一生诗作的百分之三十。就是说，蜀中九年，杜甫所写诗歌占了他一生创作的一半。今天，"草堂诗"与"夔州诗"的研究，已成为文学史家专门的课题了。

唐代的四川，经济繁荣，文化发达，素有"扬一益二"之称。即是说，唐代的经济，扬州地区占首位，成都地区就占第二位。在杜甫的笔下，对成都的繁华，有过如"喧然名都会，吹箫间笙簧"这样的诗句，但不多。因为此时正是国逢战乱，生灵涂炭之时，"萧条九州内，人少豺虎多"，诗人的心中主要考虑的是国家的命运，民生的疾苦。他对蜀中人民为了防边而遭受的沉重负担，作了如实的描绘：

> 十室几人在？千山空自多。路衢惟见哭，城市不闻歌。（《征夫》）

诗人在草堂还写了著名的《茅屋为秋风所破歌》：

> 安得广厦千万间，大庇天下寒士俱欢颜，风雨不动安如山。呜呼！何时眼前突兀见此屋？吾庐独破受冻死亦足！

这种对天下寒士的深切同情，直到今天，还为浣花草堂增添着光辉。也就在草堂，他写了"新松恨不高千尺，恶竹应须斩万竿"的名句，诗人疾恶如仇的声色跃然纸上。763年初，杜甫听到了安史之乱基本平息的消息，激动万分，挥笔写了这首著名的《闻官军收河南河北》：

> 剑外忽传收蓟北，初闻涕泪满衣裳。却看妻子愁何在，漫卷诗书喜欲狂，白日放歌须纵酒，青春作伴好还乡。即从巴峡穿巫峡，便下襄阳向洛阳。

杜甫在蜀中期间，当然也写了很多描绘蜀中山水民情的诗歌。例如他的夔州诗就被后人称为"夔州图经"。但是，就在这类诗中，也时时流露出诗人深切的忧国忧民之情。如他在成都拜谒了诸葛亮的祠庙，写了著名的《蜀相》一诗：

> 丞相祠堂何处寻？锦官城外柏森森。映阶碧草自
> 春色，隔叶黄鹂空好音。三顾频烦天下计，两朝开济
> 老臣心。出师未捷身先死，长使英雄泪满襟。

很明显，这不是一般游玩访古的闲情，而是充满着对英雄的敬佩，希望在现实生活中不再有"泪满襟"的现象重演。又如，诗人在成都还写了一首著名的《登楼》：

> 花近高楼伤客心，万方多难此登临。锦江春色来
> 天地，玉垒浮云变古今。北极朝廷终不改，西山寇盗
> 莫相侵。可怜后主还祠庙，日暮聊为《梁父吟》。

这首诗也很明显，并不是在描绘"锦江春色"、"玉垒浮云"，而是在关心着北方的中央朝廷，关心着四川西北边吐蕃的入侵，吟"梁父"而思诸葛，正是痛惜朝廷无人，以致民生多艰。

应当说，杜甫在四川的九年中，因为离开了中原血肉横飞的战场，生活得到相对的安定，所以如《三吏》《三别》那样的诗较前期是少了许多。但诗人仍然在诗中发出了"盗贼本王臣"的石破天惊的呼喊；继"朱门酒肉臭，路有冻死骨"之后，再次写出了"富家厨肉臭，战地骸骨白"的揭露阶级社会罪恶的名句；代老百姓发出了"众僚宜洁白，万役但平均"，"安得务农息战斗，普天无吏横索钱"的呼声；他

还对三峡山区农民因贫困而文化落后的情景深表同情，对他们被人轻视而尽力申辩："若道士无英俊才，何得山有屈原宅?""若道巫山女粗丑，何得此有昭君村?"

伟大诗人的作品，早在大文豪韩愈的笔下，就被评为"李杜文章在，光焰万丈长"。他在蜀中近十年的生活与创作，当然世世代代被人们所怀念。早在北宋时期，就已在成都浣花草堂故址修建了杜公祠，以后历代均有所培修，建筑与林园逐步扩大。现在，草堂总面积已达两百亩，其中有工部祠、诗史堂、恰受航轩、草堂书屋、一览亭、水榭、大廨、花径等建筑；有荷池、梅林、盆景园等园林布置。国家专门成立了杜甫草堂文物管理所，全国的杜甫研究会也设在这里，专门研究杜诗的《草堂》杂志也在这里编辑出版。1949 年以后，经多方努力，在这里陈列了两个高水平的展览，一个是杜诗版本展览，这里有我国最珍贵的各种古代杜诗刻本，也有用十五种语言出版的外文译本。另一个是杜甫诗意画展览，几乎包括了国内所有著名画家的作品。新中国成立以来，杜甫草堂接待了数不清的游人。毛泽东、刘少奇、周恩来、朱德等党和国家领导人也都来过这里。朱德、陈毅、叶剑英、董必武等同志还留下了他们的诗作或对联，为杜甫草堂增添了新的光彩。

望江楼下话薛涛

　　在成都市区东南角的锦江之滨，有一座以其竹类品种居于世界第一而著名的公园叫望江楼公园。高达三十米的崇丽阁以及濯锦楼、吟诗楼、清婉室、五云仙馆等古建筑，掩映在万竿翠竹之中。这个全国驰名的公园就是为我国古代著名的女诗人薛涛而兴建的。

　　薛涛，字洪度，生卒年不详。她原籍长安，其父薛郧入宦成都时，随父入蜀。未成年，其父去世，她在母亲抚养下长大。虽才貌双绝，善于写诗，但无依无靠，故而年轻时成为乐伎，经常奉官府的呼召，为官员们唱歌侑酒。可是四五年之后，却又因事得罪了官员们，被罚遣到松州（今阿坝藏族羌族自治州松潘县），很可能是继续充当官妓。所以在她的诗集中留下了"按辔岭头寒复寒，微风细雨彻心肝"这样十分凄凉的诗句。在松州生活了一年多之后，她回到成都，决心不再伴酒官场，遂坚决脱离乐籍，曾居于成都西郊浣花溪畔。由于她的诗名早已为人们所称道，所以成都的乃至全国的很多诗人纷纷将她视为诗坛名家，与她交往。成都的最高地方长官剑南西川节度使前后换了十一届，大多和薛涛有诗文往来。这其中包括韦皋、高崇文、段文昌、李德裕等人。据有的记载，韦皋还曾给她以"校书郎"的官衔。由于有这种关系，所以薛涛得以比较平安地度过她的中、晚年。

薛涛一生的主要活动是文学创作，而这种文学创作活动又与前后来到蜀中的一大批文士的交往分不开。例如，白居易、刘禹锡、元稹、张籍、杜牧、裴度、张祜、雍陶等著名诗人都与薛涛有过诗文唱和。这其中，特别是著名诗人元稹，据传还曾与薛涛有过一段倾心相爱的风流佳话。他俩相聚的地方就在今天四川的三台。

据记载，薛涛的诗作在北宋时已有《锦江集》流传，但现存者只有九十一首。这些诗中，除了写给元稹的两首爱情诗之外，没有一般女子笔下的脂粉气息或情意缠绵之作。故而明代人胡震亨在《唐音癸签》中评她"工绝句，无雌声"，这是一个很值得注意的特点。她的诗大部分是赠送朋友的，其中不乏关心政治、忧国忧民之作。例如著名的《筹边楼》一诗是这样写的：

平临云鸟八窗秋，壮压西川十四州。诸将莫贪羌族马，最高层处见边头。

这首诗写于薛涛的晚年。当时蜀地边区战事频繁，李德裕于830年任剑南西川节度使。次年建筹边楼于府治之西，楼上四壁均绘边区地图，经常和将领们在楼上讨论边区战事，薛涛写这首诗，就充分表现了她关心边区战事，提醒诸将切莫轻易开战，而应高瞻远瞩、十分谨慎地处理边事、保境安民的心情。在有的诗篇中，则又反映了她在那侍酒伴诗的应酬生涯中洁身自好，保持节操的志气。如《酬人雨后玩竹》一诗写道：

南天春雨时，那鉴雪霜姿。众类亦云茂，虚心宁自恃。多留晋贤醉，早伴舜妃悲。晚岁君能赏，苍苍劲节奇。

薛涛的诗作还在她在世时就受到很多人的赞扬，如元稹赠诗给她：

锦江滑腻峨眉秀，幻出文君与薛涛。言语巧偷鹦鹉舌，文章分得凤凰毛。纷纷词客多停笔，个个公卿欲梦刀。别后相思隔烟水，菖蒲花发玉云高。

另一位诗人王建也有诗送给薛涛：

> 万里桥边女校书，枇杷花里闭门居。扫眉才子知
> 多少，管领春风总不如。

至于后代文士赞誉薛涛的诗文，那就更多了。

薛涛在从事文学创作的时候，还对文化事业做出了一项重要贡献，就是制作薛涛笺。

四川地区是我国古代最重要的造纸与印刷工业的中心之一。蜀地麻纸在唐代是全国最著名的纸张品种。用优质纸制成漂亮的诗笺，是古代四川的传统手工艺品。如杜甫诗中就有"巴笺染翰光"之句；范元凯诗中有"蜀地红笺为弟贫"之句。唐代四川的造纸中心之一是成都西郊的浣花溪，故李商隐在诗书有"浣花笺纸桃花色，好好题诗在上头"之句。薛涛的住处正在浣花溪畔，她遂组织当地的手工工人精工制造出一种篇幅不大、其上有彩色的诗笺，后人即称之为薛涛笺。薛涛笺以小幅为特点，以深红、桃红、松花、云母等色彩为主，质量特佳，成为我国古代造纸与印刷工艺发展史上的精品，受到文士们的高度赞扬，竞相使用，如名诗人司空图有"应到去时题不尽，不劳分寄校书笺"之句；韦庄还有一首颇长的《乞彩笺歌》，其中说：

> 浣花溪上如花客，绿阁深藏人不识。留得溪头瑟
> 瑟波，泼成纸上猩猩色。手把金刀擘彩云，有时剪破
> 秋云碧。不使红霓段段飞，一时驱上丹霞壁……薛涛
> 昨夜梦中来，殷勤劝向君边觅。

宋代大史学家司马光也有一首《蜀笺献太傅同年叶兄》
的诗：

> 西来万里浣花笺，舒卷云霞照手鲜。书筒久藏无
> 可称，愿投诗客助新篇。

这种诗笺还长期作为向朝廷进贡的贡品，从薛涛以后，宋
元明清各代均有仿制，但质量均不如唐时，且产量也不多。
如清代道光年间王培荀在《听雨楼随笔》中说过：

> 薛涛笺久无矣，明时蜀王犹取其井水造笺，入者
> 异于常品，是未尝绝也。今无知其遗法者，市间所鬻，
> 亦冒薛涛之名，徒以胭脂水染成，易霉，无足贵。

薛涛的晚年，居于成都的碧鸡坊，她修了一座吟诗楼，
生活很可能是清苦的。大约在七十五岁时去世。死后，剑
南西川节度使段文昌曾为她写过墓志，可惜未能传世。

在我国古代文坛上，薛涛是可以与李清照并提的著名
的女诗人之一，在唐代女诗人中更是名列首位。她作为一
个极受歧视的乐伎，其作品竟能使元稹、白居易这样的大

诗人倾倒，这是十分难得的。她死之后，成都人民一直在纪念这位"管领春风"的女才子，其主要纪念地就在今望江楼公园。

成都的望江楼公园位于锦江南侧，在明代本是蜀王府仿制薛涛笺之处，故称此处汲水之井为薛涛井。这里又是古代成都士人乘船离家远行的挂帆之处、送别之处，不断有建筑物修筑于此。有的文士又在薛涛井旁树立诗碑，在清代中叶就逐渐在此形成一处名胜。清光绪年间，著名的崇丽阁建成，阁高且丽，一般人均称之为望江楼。望江楼公园的基础就是这样奠定的。这里虽然不是当年薛涛居住之地，但人们却把对薛涛的怀念深深地附托在这里，并随着幽篁翠竹的年年繁茂而日益吸引着数不清的游客。

白居易在忠州

　　白居易（772～846年），是我国唐代最著名的诗人之一。一生写诗三千多首。他的优秀诗篇当他在世时，就已经在民间广泛流传，以至到了"童子皆吟长恨曲，胡儿能唱琵琶篇"的地步。这位杰出的大诗人，一生中到过的地方不少，其中曾在唐代的忠州，即今四川忠县居住过一年半。忠州的山水不仅留下了诗人的足迹，也留下了诗人若干诗篇。白居易出生于河南新郑，他自幼苦学，以至"口舌成疮，手肘成胝"。三十余岁才进入仕途，由于他在担任谏官时主持正义，直言敢谏，所以在元和十年（815年）被贬官为江州（今江西九江）司马。白居易在江州心情很不好，明确写出了"诗人多蹇"竟成为"理所固然"的抗议之声，写下了忧郁而悲愤的著名诗篇《琵琶行》。他在江州住了三年，终于得到了一纸诏书，被任为忠州刺史。一个京官谪贬为司马之后再提升为刺史，这在当时叫"量移"，是从官阶的从六品升到正四品，是仕途上的一个转折点，所以白居易很高兴。临别江州时写下了"忠州好恶何须问，鸟得辞笼不择林"的诗句。

元和十四年（819 年）三月，白居易乘船沿长江西上，来到了忠州。

长江北岸的忠州，是一个仅有六千户人的"下州"，街道狭小，商旅不繁，因为已接近唐王朝当时的南方边境，所以唐玄宗时还改名为南宾郡。大诗人杜甫于 765 年出川时经过此地，曾写过这样的诗句：

> 忠州三峡内，井邑聚云根。小市常争米，孤城早闭门。空看过客泪，莫觅主人思。淹泊仍愁虎，深居赖独园。（《题忠州所居龙兴寺院壁》）

由此可见，白居易就任刺史的地方，在当时是相当偏僻而荒凉的。但是，从来就关心民生疾苦的白居易，早就讲过要"忘身命，沥肝胆"地实施其"兼济之志"，提出过一系列如何使老百姓"轻其徭、薄其税，使其不至冻馁也"的政治措施。如今他得为一州之长，哪怕是穷困的"下州"，也是怀着一番抱负来上任的。

白居易行船经过了"上有万仞山，下有千丈水。苍苍两崖间，阔狭容一苇"的三峡，来到忠州。他所见到的忠州，是沿江边坡地而修筑起来的小城。白居易如实地记载其情况是"一只兰船当驿路，百层石磴上州门"。但是他上任不久，就向朝廷打了报告，要以"履冰厉节"般的态度尽力职守，希望在"未死之间，期展微效"。他采取了些什么措施来"期展微效"，现在看不到这方面的具体资料。但是他在忠州写的诗中有这样的主张：

> 养树既如此，养民亦何殊。欲将茂枝叶，必先救根株；云何救根株，劝农均赋租。云何茂枝叶，省事宽刑书。（《东坡种花二首》之二）

从这些主张看来，他是打算从倡导农耕、平均租赋、减少劳役、宽大刑狱这几个方面着手的。这几个方面都是广大贫苦农民朝思夜盼的德政，如果白居易真是在这些方面采取了措施的话，那真是替老百姓做了几件好事。

在忠州城东，有座小山叫东坡，有条山溪叫东涧。白居易前往游玩时，见到已有一些花木，就自己掏钱到处买花买果树，亲自到东坡栽种；并在东涧栽了不少柳树，希望能见到这一片地方绿化，使之变成"百果参杂种，千枝次第开"的花果山，希望能在忠州城周围见到杨柳依依。

可惜的是，这片花果山后来未能保存下来。如果今天能在忠县城外按白居易当年的志愿栽种花果，恢复唐代东坡、东涧的面貌的话，诗人在九泉之下是一定会击节赞赏的。

自幼生长在北方平原的白居易，对于忠州地区"林峦少平地，雾雨多阴天"的自然环境很不适应，过去经常往还的朋友一个也不在身边，无人讨论诗文、切磋创作。忠州的生活也比较苦，吃的是"畬田涩米"、"腥咸白小鱼"。所有这些，都使得他不愿在这里久住，所以曾留下"忠州且作三年计"的诗句。可是，另一方面，他又被当地淳朴的民风和优美的山水所吸引，又乐而忘忧。他在重阳节和大家一道出外登高访古，登上一座高台，经他仔细考察，认为就是古代巴人的巴王宫遗址，于是命名为巴王台，并写诗记其事。他到忠州西边的鸣玉溪去观赏一种奇特的木兰树，这种树"大者高五丈，涉冬不凋，身如青杨，有白文；叶如桂，厚大无脊；花如莲，香色艳腻皆同，独房蕊有异。四月初始开，自开殆谢，仅二十日"。白居易详细作了记载，还特地请人画了图，自己再在图上题诗作序。

他在忠州饱食北方罕见的佳果荔枝，十分高兴。他请人画荔枝图，自己作序，还修了一座荔枝楼。他在诗中这样描绘忠州的荔枝：

　　早岁曾闻说，今朝始摘尝。嚼疑天上味，嗅异世间香。润胜莲生水，鲜逾橘得霜。燕支掌中颗，甘露舌头浆……

　　白居易在忠州时最大收益，是在与当地土著的"蛮儿巴女"的交往中吸取了不少民间文学艺术的营养，丰富了自己文学创作的源泉。他曾经邀请大批普通百姓到刺史府的大院做客，大家一起围着酒坛吃"咂酒"（四川一些少数民族至今还有的习惯，就是用很多长的细竹管或空心藤条、草茎插在坛中，每人用其中一根吸饮），一起唱歌、一起跳舞。在"蛮鼓声坎坎、巴女舞蹲蹲"之中，白居易真正感到了"与民同乐"的趣味。正由于他能这样接触群众，也由于他在忠州能经常听到当地的竹枝词、民谣山歌等，他也才能写下格调清新的竹枝词。正如他所写的：

　　竹枝苦怨怨何人？夜静山空歇又闻。蛮儿巴女齐声唱，愁杀江楼病使君。（《竹枝词四首》之二）

　　大约在元和十五年（820 年）九月，白居易接到调令，调他到长安担任尚书司门员外郎。他当然是想到长安去的，可临走时，却又留恋起忠州这块生活了一年多的僻远之地，于是到他所喜爱的东坡、开元寺、荔枝楼去一一惜别。他写了这样一首诗来向忠州辞行：

　　二年留滞在江城，草树禽鱼尽有情。何处殷勤重
回首，东坡桃李种新成。

诗人就是这样依依不舍地登上官船东下，离开了忠州。

　　如今，白居易在忠州生活的遗迹，只有在他的诗文中
方可见到。不过，他在乘船赴忠州途中，曾与好友元稹、
弟白行简三人一道游玩于西陵峡中一个十分漂亮的山洞，
三人都写了诗。白居易特地写了一篇《三游洞序》。从此，
这个山洞就名之曰"三游洞"了。为了纪念三位诗人同游
此洞，为了瞻仰三游洞遗迹，唐以后著名文士如苏轼、欧
阳修、陆游等人均曾到此游赏。所以，三游洞遂成为三峡
中著名名胜之一。近代知名人士如冯玉祥将军等的题词，
至今仍刻于洞的内外石壁上，吸引着中外愈来愈多的游客。

刘禹锡夔州歌"竹枝"

　　在川东一带民间，古代流传着一种民歌，本名"巴渝辞"，又叫"竹枝词"。在唐代以前，对于我国文学的发展，未有多大影响。可是，唐代以后，"竹枝词"遂成为文学创作中一种专门的体裁，至今还有不少人写竹枝词。如《北京竹枝词》《成都竹枝词》等。川东民间的"竹枝词"所以会对后世发生如此大的影响，关键就在于唐代著名诗人刘禹锡在川东学习与创作"竹枝词"。

　　刘禹锡（772～842年），字梦得，洛阳人。是唐代著名诗人之一。白居易曾称他为"诗豪"。他的很多诗一直在人们口中流传。

　　刘禹锡二十一岁时就与柳宗元同榜考中进士。二十三岁就在京中做官，常与韩愈、柳宗元等在一块研讨诗文。

后来，他参加朝廷中一批志同道合的中青年朋友组成的革新集团，冀图改革弊政，造福国家。他们的革新运动被守旧派镇压了下去。革新派都被贬到边远地区当小官。刘禹锡被贬到朗州（今湖南桃源东）做司马，一贬十年。这十年中，他写了很多优秀的政治讽刺诗，写了著名的唯物主义哲学著作《天论》。一直到815年二月，他才被召回长安。但又因他写诗"语涉讥刺"，再次出京，被派到偏远的连州（今广东连州市）当刺史。821年，被派赴夔州（今四川奉节）当刺史。

三峡之中的夔州，民歌十分发达。在刘禹锡到此之前的五十多年，大诗人杜甫在夔州居住时，就十分喜爱并学习过当地淳朴的民歌，写了《夔州歌十绝句》。刘禹锡在朗州、连州之时，曾吸收民歌中的养料来丰富自己的创作。如今来到夔州，对于清新、明快、淳朴的"竹枝词"十分热爱。他不仅向当地的民歌手学唱"竹枝"，而且唱得很好。白居易说："梦得能唱竹枝，听者愁绝。"更重要的是他广泛学习"竹枝词"之后，自己更写了十一首"竹枝词"，从内容到形式都与民歌中的"竹枝词"一样的清新动人。他在夔州还写了九首"浪淘沙词"，四首"踏歌词"，其实也是竹枝词一类的民歌体诗歌。我们随举两首他写的

"竹枝词"：

> 杨柳青青江水平，闻郎江上踏歌声。东边日出西
> 边雨，道是无情却有情。

> 瞿塘嘈嘈十二滩，此中道路古来难。长恨人心不
> 如水，等闲平地起波澜。

这真是地地道道的民歌风味。如果不是非常热爱民歌并虚
心向民歌手学习的有心人，作为一个封建社会的州刺史，
是绝不可能写出这样优秀的作品来的。

作为一个锐意改革、很有抱负的政治家，刘禹锡在夔
州期间当然绝不是仅仅流连在民歌之中，他仍然关心着国
家和人民的命运。当他瞻仰在夔州的刘备庙时，写了这样
一首诗：

> 天下英雄气，千秋尚凛然。势分三足鼎，业复五
> 铢钱。得相能开国，生儿不象贤。凄凉蜀故妓，来舞
> 魏宫前。

这实际上是以蜀汉兴亡的历史来警告当朝的统治者，不能
走刘禅亡国的老路。他参观夔州的诸葛亮八阵图遗迹时，
所写诗中有这样两句："会有知兵者，临流指是非。"这也
是在抒发自己渴望能有真正的"知兵者"来整顿军政，削
平藩镇的分裂势力，安定天下的心情。

刘禹锡在夔州居住并不长，824 年夏天就被调离，前往和州（今安徽和县）。但是，他在夔州所写的"竹枝词"却对后世产生了巨大的影响。自他以后，一直有不少热爱生活、热爱民歌的文学家在创作这种四句七言、语言明快、清新淳朴、以爱情描写和风土人情描写为中心内容的"竹枝词"。所以，每当我们谈到"竹枝词"时，就必然会想到多年在夔州学习与创作"竹枝词"的著名诗人刘禹锡。

贾岛墓前话贾岛

古代的四川，山清水秀，民丰物阜，迎来了很多外地的文学家。其中有一些也就死于四川，长眠在四川的土地上。由于种种原因，这些贵客的陵墓大多未能保留下来。就以唐代为例，唐代客寓四川的文学家最多，但保留至今的墓葬只有一处，这就是著名诗人贾岛在安岳县的贾岛墓。

贾岛（779～843 年），字阆仙，又作浪仙。河北范阳（今河北涿州）人。是唐代著名的诗人。人们一提到他，总会想到他那两句诗"鸟宿池边树，僧敲月下门"，以及由此而流传的一则故事：为了苦心斟酌诗中应当用"敲"字还是用"推"字，他日思夜想，以至在大街上碰撞了韩愈出行的仪仗队。这个故事并非确凿的史实，但却说明了贾岛创作态度的认真，而"推敲"这一典故也就长期被人们所使用。

　　贾岛出身寒微，以至长大以后生计无着，不得不入庙为僧，法名叫无本。他前半生的一些诗就是在当和尚时写出来的。贫穷的家世，枯寂的庙宇生活，养成了他不慕名利、孤僻冷漠的性格。这种性格反映在诗歌创作上，就形成一种苦吟字句、清深幽峭的风格，缺乏丰富的情感，也不涉及政事。所以后人用一个"瘦"字来形容他的诗，将他与另一苦吟派诗人孟郊并列。"郊寒岛瘦"之说，至今犹然。

　　由于贾岛勤奋作诗，所以在当和尚时就已取得较大的成就。大约在811年，他在洛阳初次见到大文学家韩愈，韩愈很赏识他的诗作，遂大力在文坛为他宣扬，并劝他还俗。他到长安与诗人张籍做了邻居。虽然他诗文创作不断取得新的成果，但在科举仕途上却屡屡碰壁。生活上，也异常艰辛，贫困潦倒，过着"拄杖傍田寻野菜，封书乞米趁朝炊"的凄苦生活。一直到837年，年近花甲之时，他才被任命为遂州长江县（今四川蓬溪）主簿。虽然官职卑微，但对贾岛来讲，却是久旱甘霖。于是匆匆上路，到长江就任。由于他本是一位诗僧，又届暮年，所以在长江任上不可能有何建树，仍过着"三年在任，卷不释手"的生活。840 年，他被调为普州（今四川安岳）的司仓参军，因年老多病，又不适应南方气候，所以他在四川只生活了六年，于 843 年七月病死于普州。次年三月，他的夫人根据他就在当地安葬的遗言，将他正式安葬在安岳城南的安泉山下，由苏绛撰写了墓碑。

根据现有资料考察，贾岛在四川时期所写的诗文存留下来的只有十来首。例如《题长江》：

> 言心俱好静，廨署落晖空。归吏封宵钥，行蛇入古桐。长江频雨后，明月众星中。若任迁人去，西溪与剡通。

又如《谢令狐相公赐衣九事》：

> 长江飞鸟外，主簿跨驴归。逐客寒前夜，元戎予厚衣。雪来松更绿，霜降月弥辉。即日调殷鼎，朝分是与非。

但是，四川人民仍然怀念着这位客死于蜀中的著名诗人；传颂着他"二句三年得，一吟双泪流"的精心雕琢的创作态度。正如后人诗中所说"位卑终蜀土，诗绝占唐朝"，故而贾岛在安泉山下的坟墓一直被当地人民保护着，宋代就建有祠堂、刻有石碑。现在，出安岳城南行三里，就可见到傍山而造、松篁并茂的贾岛墓。墓前立着清同治年间立的石碑，上书"唐普州司户参军贾公之墓"（贾岛本来官任司仓参军，去世几天后又被改命为司户参军）。在墓前，本来有清乾隆年中修建的"瘦诗亭"，以纪念这位风格瘦峭的诗人。目前诗亭尚未恢复，而修建了一所祭堂，其中立着一块石碑，上书"唐普州司户参军贾浪仙神位"。在侧面的石碑上，还刻着唐人苏绛写的贾岛墓志铭、清人吴省钦写的《瘦诗亭记》，以及其他文人的题咏，供广大游客瞻仰、凭吊。

李商隐与巴山夜雨

　　四川盆地的自然环境，使得盆地中的雨量较多，故而有"西蜀漏天"之说。在降雨分布上，常常夜雨，如峨眉夜雨占总降雨量的 67％，重庆占 61％，雅安占 73.4％，全省总的看来，大多在 60％以上，故而杜甫诗中就有"蜀星阴见少，江雨夜闻多"、"蜀天常夜雨，江槛已朝晴"等诗句。可是大家却不称为西蜀夜雨或蜀中夜雨，而称"巴山夜雨"。这种称呼之所以得名，是由于这样一首脍炙人口的唐诗：

　　　　君问归期未有期，巴山夜雨涨秋池。何当共剪西窗烛，却话巴山夜雨时。

　　很明显，这首诗是在四川创作的，它的作者就是大名鼎鼎的李商隐。

李商隐（813～858 年），字义山，号玉谿生，怀州河内（今河南沁阳）人。他九岁丧父，家境艰难，靠一位远房叔父教读，才得以增长文才，学习诗文。十七岁时，得到天平军节度使令狐楚的赏识，入其幕府，即随之四方游历，又有机会继续读书，诗文创作日臻成熟。但一直到 839 年，他二十七岁时，才进入仕途，当了几任九品小官。848 年，他曾短期入川，上面介绍的那首著名的《夜雨寄北》，就是这年在蜀中所作。

851 年，柳仲郢被任命为剑南东川节度使，聘李商隐为幕中的节度书记，他就随柳仲郢到了东川节度使的治所梓州（今四川三台）。直到 855 年，他才随柳仲郢回到长安。

李商隐在四川住了五年，曾到过成都，饱览西蜀自然风光，游览了各地名胜古迹，并写了大量的诗歌。他在蜀中写的诗，有写景的，咏史的，怀乡思家的，也有直抒胸臆、指斥朝政的。例如他在嘉陵江边写的：

嘉陵江水此东流，望喜楼中忆阆州。若到阆州还赴海，阆州应更有高楼。

他在成都武侯庙写的：

蜀相阶前柏，龙蛇捧闷宫。阴成外江畔，老向惠陵东。大树思冯异，甘棠忆召公。叶凋湘燕雨，枝折

> 海鹏风。玉垒经纶远，金刀历数终。谁将出师表，一
> 为问昭融。

他思念远在长安的已失去母亲的孩子：

> 闻君来日下，见我最娇儿。渐大啼应数，长贫学
> 恐迟。寄人龙种瘦，失母凤雏痴。语罢休边角，青灯
> 两鬓丝。

不过由于他当时对政治生活的失望，加之思念亡妻（他在入蜀前，妻病死）的悲痛，怀念子女的苦闷，再加之年龄日高，身体日衰，经常患病服药，逐渐到了"薄宦频移疾，当年久索居。哀同庾开府，瘦极沈尚书"的地步。所以，他在梓州日益与佛教道家相接近，"忆奉莲花座，兼闻贝叶经"，"丹灶三年火，苍崖万岁藤"。这种情绪给予他的创作带来了很消极的影响，故而在蜀中五年，所写的优秀诗篇并不多。

　　855 年末，柳仲郢奉调回京任吏部侍郎，李商隐也就随之北返长安。此后，就再也未到过蜀地了。

山水诗人雍陶

雍陶，字国钧，成都人，生于唐顺宗永贞元年（805
年），唐代后期的重要诗人，与张籍、贾岛、王建等诗人同
时。宋代还有他的诗集十卷，现在可见到的只有诗一百三
十二首。

出生于成都的雍陶，成年后曾在蜀中与外地做过多年
地方官，所到之地甚多，饱览山河之美，使他的诗作中出
现了不少描写自然风光与旅途景色的佳作。如写成都武侯
祠的《武侯庙古柏》：

> 密叶四时同一色，高枝千岁对孤峰。此中疑有精
> 灵在，为见盘根似卧龙。

又如他在雅州（今四川雅安）任刺史时，有感于行人送别
于城外"情尽桥"时的惆怅之情，遂将此桥改为"折柳

桥",并赋诗一首:

从来只有情难尽,何事名为情尽桥?自此改名为

折柳,任他离恨一条条。

此诗曾长久为人们所称颂。他的不少写旅途的诗中,同时
也表现出他对当时政局的不满。如他在蜀中所写的:"蹇步
不唯伤旅思,此中兼见宦途情。"有的旅途诗则反映了当时
的社会生活,成为史学家所重视的史料。如他在成都写的
"自到成都烧酒熟,不思身更入长安",不仅反映了唐代成
都以酿酒著称,而且是我国最早出现的几种记载"烧酒"
的文献材料之一,颇受史学界的重视。

雍陶的足迹遍布我国的大半地区,他的诗也描绘了在
各地的见闻。可是,他却常常见物思乡,写下思念蜀中的
诗篇,如:

我家蜀地身离久,忽见胡山似剑门。马上欲垂千

里泪,耳边唯欠一声猿。

蜀客春城闻蜀鸟,思归声引未归心。却知夜夜愁

相似,尔正啼时我正吟。

这些诗句充分表现了雍陶对家乡的深深的爱。

青城山下的"一瓢诗人"唐求

　　古代的四川是文人荟萃之地，蜀中文士也大多远游各地。可是，唐末诗人唐求则与众不同，他未入过长安、也未出过三峡，终生生活在四川地区。

　　唐求是蜀州（今四川崇州）人，出生在政局动荡、战乱不停的晚唐时代，具体生卒年月不详。他不愿过问政事，终生不仕，前蜀的王建曾派李行简专门去请他到成都当官，任参赞军机，他坚决拒绝，长期居住在青城山下味江（水名，发源于青城山区，流入西河）一带的农村与山区中。甚至，为了效法传说中尧舜时期拒不做官的隐者巢父，他曾以树为巢而居，以至有"唐隐居"之称，他自己则自称"味江山人"。

　　唐求的一生中一直在刻意作诗，所作的诗，清新、闲适，多是反映隐居田园的生活，如：

> 不信最清旷，及来愁已空。数点石泉雨，一溪霜叶风。业在有山处，道成无事中。酌尽一樽酒，老夫颜亦红。

这种诗的风格在唐诗中是别具一格的。

唐求讨厌官场中的乌烟瘴气，不愿参与政事，只表明他对当时的政治局面不满，并不是说心中就不关心国家和百姓。他有一首诗叫《庭竹》，是这样写的：

> 月笼翠叶秋承露，风压繁梢暝扫烟。知道霜雪终不变，永留寒色在庭前。

很明显，这诗是他对当时政局不满，表示自己反抗之情和决不同流合污的决心的充分表现。

唐求生活在民间，创作在民间，他经常出外登山临水，走访朋友，总是骑着一头老牛，身背一个大葫芦瓢。每当新诗吟成，立即写在纸片上，再捻成一团放在瓢中，从未将诗作编集刊行，故而大家称他"一瓢诗人"。到了晚年卧病之时，他自知快离开人世了，就勉强来到味江边，将大瓢放到江中，让瓢顺水而去。当人们发现后将大瓢捞起来时，大多诗稿已被水浸湿而损坏，无法辨认，只能见到很少一部分。这很少的一部分，就是保留在今天《全唐诗》

中的三十几首诗。

味江两岸的人民，永远怀念这位淡泊自守，不逐名利，而长期和他们生活在一起的味江山人。在今崇州街子场场头，一直修有纪念唐求的唐公祠，祠前立有"唐诗人唐求故里"的石碑。如今，已经重修了唐求祠堂，唐公祠周围的地方仍然叫唐公村，味江山人唐求似乎还居住在凤栖山麓的村舍之中。

《秦妇吟》秀才韦庄

唐朝的诗歌百花齐放。其中歌行一体，熔叙事、抒情、议论于一炉，或激昂，或婉转，往往是人们喜于传诵的"有韵之史"。如白居易的《长恨歌》《琵琶行》等可谓是家喻户晓之作。晚唐时候，出现了一篇唐代最长的叙事诗《秦妇吟》，一时众口流传。不仅口诵、传抄，而且书之帘幛，挂置门墙，作者也被冠之以"《秦妇吟》秀才"的美名。可是后来这诗竟然在中土失传了。近代在敦煌石室中发现了几种抄本，才又重见于世。鲁迅先生在《准风月谈·查旧帐》中说：

> 蜀的韦庄穷困时，作过一篇慷慨激昂文字较为通俗的《秦妇吟》，真弄得大家传诵。待到他显达之后，却不但不肯编入集中，连人家的钞本也想方设法消灭

了。当时不知道成绩如何。但看清朝末年，又从敦煌的山洞中掘出了这诗的钞本，就可见是白用心机了的，然而那苦心却还可以想见。

这位《秦妇吟》秀才，就是当过王建的宰相的韦庄。

韦庄（836～910 年），字端己，京兆杜陵（今西安市东南）人。是著名诗人韦应物的四世孙。早岁居长安、虢州等地。四十五岁往长安应举，恰值黄巢起义军攻长安，经过一段出入兵戈的离乱生活，他又寓居洛阳。此后南游，浪迹万里，走遍长江南北。直到唐昭宗乾宁元年（894 年）他五十九岁时才考中进士，为校书郎。乾宁四年，奉使入蜀，到西川节度使王建处。以后一度回京，在朝中任左补阙等官。唐昭宗天复元年（901 年），他六十六岁，到西蜀为王建掌书记，受到王建的倚重。七十一岁做安抚副使。七十二岁时，帮助王建称帝，建立前蜀政权。他任左散骑常侍，判中书门下事，订立开国制度。以后升任吏部侍郎同平章事。七十五岁在成都花林坊去世，葬于成都西郊的白沙。

韦庄生活在唐帝国由衰到亡、五代十国分裂混乱的年代，一生饱受离乱漂泊之苦，这对他的为人和创作都有很大影响。

　　韦庄文学成就突出表现在词上。他和温庭筠都是花间词派的代表人物，其内容多写儿女恋情、闲愁绮怨，风格亦多浓艳软媚。不过，他又不同温词的浓艳，而表现出几分清丽。清人周济说：

　　　　毛嫱西施，天下美妇人也。严妆佳，淡妆亦佳，粗服乱头，不掩国色。飞卿（温庭筠字飞卿）严妆也；端己，淡妆也；后主则粗服乱头矣。

什么是韦庄词的"淡妆"美呢？那就是情真意挚，明快淋漓，明白如话。如脍炙人口的《菩萨蛮》：

　　　　人人尽说江南好，游人只合江南老。春水碧于天，画船听雨眠。　　垆边人似月，皓腕凝霜雪。未老莫还乡，还乡须断肠。

写江南水乡的美丽风光和南国姑娘的美丽容貌，一气直下，没有一句难懂的话，简洁而逼真。两句话就把读者引入那如画的境界。又如他最负盛名的《思帝乡》：

　　　　春日游，杏花吹满头。陌上谁家年少、足风流？妾拟将身嫁与、一生休。纵被无情弃，不能羞！

这里用水一样透明坦白的语言，写出了火一样热烈真挚的情感，酣恣淋漓，绝妙无伦，像一颗明珠发出夺目的光彩。

　　他还有一些恋情词，也写得非常真切动人，如两首

《女冠子》：

> 四月十七，正是去年今日，别君时。忍泪佯低面，含羞半敛眉。　　不知魂已断，空有梦相随。除却天边月，没人知。

> 昨夜夜半，枕上分明梦见，语多时。依旧桃花面，频低柳叶眉。　　半羞还半喜，欲去又依依。觉来知是梦，不胜悲。

韦庄为什么写这些词呢？过去有人说是他有一个宠妾，姿质艳丽，兼擅词翰，蜀主王建假托训练内女，"借"她进宫去当教练，强占了去。韦庄追念悲伤，写了这些词。近人又有否定这说法的。一个大词家的作品，绝不是无因而发的，究竟是怎么回事，只有留待后人继续研究了。

韦庄在成都生活了将近十年，词中有许多珍贵的锦里风光镜头。如写蚕市的《怨王孙》：

> 锦里，蚕市，满街珠翠，千万红妆。玉蝉金雀，宝髻花簇鸣珰，绣衣长。　　日斜归去人难见，青楼远，队队行云散。不知今夜，何处深锁兰房，隔仙乡。

唐宋时，成都正月灯市，二月花市，三月蚕市，最为热闹。蚕市分区进行，自州城至县属，要循环一十五处，实为大型贸易会、游乐会。这首词写游女之盛，可以想见社会一般风貌。韦词中还有专写成都"神女"的《清平乐》：

> 何处游女？蜀国多云雨。云解有情花解语，窣地
> 绣罗金缕。　　妆成不整金钿，含羞待月秋千。住在
> 绿荫槐里，门临春水桥边。

当日成都之富庶、繁华，于此可见。

单看韦庄的词，似乎他不太了解现实和关心人民生活，其实不然。他一生饱经离乱，对现实很了解，也很关心。他作诗学习杜甫和白居易。他曾编辑《又玄集》，取杜甫诗为首。杜甫自称"杜陵野客"，韦庄也称自己为"杜陵归客"。到蜀中的第二年，他就重新修杜甫在浣花溪的草堂旧址，并把自己的诗集取名为《浣花集》。他在《浣花集序》中说：

> 辛酉明年，浣花溪寻得杜工部旧址，虽芜没已久，
> 而柱砥犹存。因命芟夷，结茅为室。盖欲思其人而成
> 其处，非敢广其基构耳。

直到临死，他还吟诵杜诗不辍。所以他流传至今的三百多首诗中所描绘的漂泊离乱，也在一定程度上留下了时代的侧影，表现了对人民的同情。特别是广明元年（880年）他在长安应举时正值黄巢义军攻入长安。后来他在洛阳时，根据亲身闻见，写下了《秦妇吟》。诗中以秦妇为线索，用问答形式把起义军占领长安前后三年的现实，用几个片断

反映出来。既描绘了起义农民与地主阶级激烈斗争的场面，也客观地暴露了统治阶级分崩离析、虚弱无能的腐朽本质，在刻画人民离乱的惨况中，流露出对人民深受灾难的同情。由于这首诗有进步性，又涉及前蜀宫廷之隐事，所以韦庄晚年"显达"后，恐怕触怒当朝，在撰"家戒"时，不许后人垂《秦妇吟》幛子，想以此止谤。后来在中土果然失传，《浣花集》和《全唐诗》中都没有收此诗。直到1907年以后，才从敦煌石窟中发现。现在那几种传钞本都还藏在英国伦敦博物院和巴黎国立图书馆内。不过，韦庄即使到了成都，官职较高之后，仍然对穷苦人民有所接触和了解。如《伤灼灼》一诗：

> 尝闻灼灼丽于花，云髻盘时未破瓜。桃脸曼长横绿水，玉肌香腻透红纱。多情不住神仙界，薄命曾嫌富贵家。流落锦江无人问，断魂飞作碧天霞。

在题下自注说：

> 灼灼，蜀之丽人也。近闻贫且老，尵落于成都酒肆中，因此四韵吊之。

这首诗哀伤一个处于社会底层的成都歌女的悲惨命运，却体现了诗人对所有不幸妇女的同情，同他写《秦妇吟》的思想仍然有相通之处。

长笛学士欧阳炯

北宋初年，宋太祖赵匡胤曾在宫中命令一位年过七十，须发皆白的翰林学士演奏长笛。当其他官员认为这样做不甚妥当而劝阻时，赵匡胤却说：

> 朕尝闻孟昶君臣溺于声乐，炯至宰司，尚习此技，
>
> 故为我所擒，所以召炯，欲验言者之不诬也。

原来，这位吹笛的翰林学士就是赵匡胤故意找来的"反面教员"——后蜀的宰相欧阳炯。

欧阳炯（896～971年），华阳（今属成都）人。五代花间派词人。从小喜作歌词，善吹长笛，二十多岁时做前蜀后主王衍的中书舍人。前蜀亡，随王衍奔洛阳。孟知祥镇蜀，他复回成都，后蜀建国，仍任职中书舍人。以后曾为翰林学士，最后官至门下侍郎兼户部尚书、平章事、监修

国史。孟昶降宋后，他也到了宋中央为官，为翰林学士、散骑常侍。他在政治态度上有"无节操"的评价，但在花间派词人中，却是颇有成就的一个。

欧阳炯早年曾涉足岭南，今存《南乡子》八首，写岭南风土，秀丽清新，散发着浓郁的生活气息。如：

> 画舸停桡，槿花篱外竹横桥。水上游人沙上女，回顾，笑指芭蕉林里住。

> 洞口谁家，木兰船系木兰花。红袖女郎相引去，游南浦，笑倚春风相对语。

明人汤显祖评这组词是："诸起句无一重复，而结句皆有余思。"鲁迅先生在1931年曾将"洞口谁家"一阕书赠日本友人。

欧阳炯的词以"浓艳"而知名，其代表作是几首《浣溪沙》，如：

> 落絮残莺半日天，玉柔花醉只思眠，惹窗映竹满炉烟。独掩画屏愁不语，斜倚瑶枕髻鬟偏，此时心在阿谁边？

这些词，描态抒情，锋利直截，正如清人况周颐说："艳而质，质而愈艳，行间句里，却有清气往来。"因此他在后蜀词坛上，颇有地位。广政三年，孟昶的卫尉少卿赵崇祚选录温庭筠以下十八人（主要是蜀人）五百首词，名为《花间集》，就是请欧阳炯作的序。《花间集》是在当时相对安定、比较富庶的西蜀这一环境中，前后蜀君臣宴安享乐的产物。如欧阳炯的一首《菩萨蛮》，就可以看出当日的普遍情况：

　　红炉暖阁佳人睡，隔帘飞雪添寒气。小院奏笙歌，香风簇绮罗。　　酒倾金盏满，兰烛重开宴。公子醉如泥，天街闻马嘶。

后蜀亡国，欧阳炯随孟昶降宋。宋朝君臣把他做"反面教员"看待。后来宋朝平了岭南，派他到南海致祭，他称病拒绝。赵匡胤没有想到他敢这样，盛怒之下，罢了他的官职，贬到长安居住，不久就病逝于长安。

四川的波斯词人李珣

在我国封建社会中，唐朝可算是最开放的了。当时丝绸之路畅通，海上贸易发达，长安成了国际性大都会。外国使臣、留学生、商贾等各式各类的外族人居留长安的成千上万。有的担任了唐王朝的文臣武将，有的深研汉文化，举进士为学人，为中外文化交流做出了巨大贡献。五代时蜀地的花间词派的重要作家李珣，就是一位华籍的波斯人。

李珣（约855～930年），字德润。长期居住梓州（今四川三台）。他的先世是波斯（今伊朗）人，其友人尹鹗曾戏呼之为"李波斯"。唐代波斯人来中国，经营香药珠宝的甚多，最盛时有几千家。陈垣先生在《回回教入中国》一文中说，李珣可能是中唐时来中国的波斯商人李苏沙的后代。波斯商人在中国，主要居住和贸易地是广州、泉州、扬州、长安，李珣上世原先就住在长安。黄巢起义军入长安，李珣一家随唐僖宗入蜀，定居在梓州。波斯商人均极富有，李商隐《杂纂·不相称》条有"穷波斯，病医人"之语。在他看来，穷与波斯是无关的。李珣兄妹五人，都受过良好的教育。他的妹妹李舜弦，工诗能画，"酷有辞藻"，被前蜀后主王衍立为昭仪。弟弟李玹，人称李四郎，曾做前蜀太子府从官。李珣从小勤奋读书，曾作为四川的名秀才，解贡京师，所作小词，深为王衍赏识。可见他一家与前蜀政权关系极为密切。前蜀亡后，弟兄均不仕。李玹继祖业，仍经营香药贸易。李珣从医而并从事药物学研究，写成了著名的专门记载外来药材的《海药本草》一书。原书虽已不存，但为其他医学典籍引用，还算存下部分内容。当时的广州，是大食、波斯商人由海道来中国贸易的重要居住地。李珣曾由四川经三峡、湖湘而到广州，这与其家族经营的香药商业，有直接关系。岭南之游，使李珣词中留下了描绘南方风土人情、有浓烈地方色彩的佳作。最著名者有《南乡子》十七首。如：

　　乘彩舫，过莲塘，棹歌惊起睡鸳鸯。带香游女偎
　伴笑，争窈窕，竞折团荷遮晚照。

写一群少女，嬉戏莲塘，活泼娇憨之状可掬。又如：

> 相见处，晚晴天，刺桐花下越台前。暗里回眸深
> 属意，遗双翠，骑象背人先过水。

写情侣相逢，眉目传意，遗翠示踪，水滨幽约。寥寥数笔，绘出一幅清新明丽的南国风情画。

李珣词有部分写山水风光寄托隐逸情调者，这当与厌恶唐末战乱现实有关。如《渔父》：

> 水接衡门十里余，信船归去卧看书。轻爵禄，慕
> 玄虚，莫道渔人只为鱼。

这类词中，最为脍炙人口的，则是他途经长江三峡时，所写的《巫山一段云》：

> 有客经巫峡，停桡向水湄。楚王曾此梦瑶姬，一
> 梦杳无期。　　尘暗珠帘卷，香销翠幄垂。西风回首
> 不胜悲，暮雨洒空祠。

> 古庙依青嶂，行宫枕碧流。水声山色锁妆楼，往
> 事思悠悠。　　云雨朝还暮，烟花春复秋。啼猿何必
> 近孤舟，行客自多愁。

这应是李珣由四川去广州途经巫峡时所作。巫山神女的美丽传说，使多情的词人面对古庙行宫，不能不发思古之幽情。可是，如果我们联系他的家族与前蜀政权的密切关系，联系他在王衍（他的妹夫）灭亡后，不愿出仕这点

来看，这怀旧吊古的悲凉感伤，怕不是泛泛之词，而是有着鲜明的现实内容的。

李珣还有部分词是写一般的男欢女爱、离情别绪，与花间词人大致相同。不过，不那么粉腻，而是在潇洒风流中，以清丽之语传诚挚之情。如他居停成都时所作《浣溪沙》：

晚出闲庭看海棠，风流学得内家妆，小钗横戴一枝芳。　　镂玉梳斜云鬓腻，缕金衣透雪肌香，暗思何事立残阳？

访旧伤离欲断魂，无因重见玉楼人，六街微雨镂香尘。　　早为不逢巫峡梦，那堪虚度锦江春，遇花倾酒莫辞频。

"早为不逢巫峡梦，那堪虚度锦江春"二句，在当时词家就互相传唱。后来李调元在《雨村词话》中又亟赞"暗思何事立残阳"等句含无限神思，通不尽之意。五代时，中原战乱，西蜀相对安定和平。李珣的这些词，反映了当时成都上层社会仕女们的宴安生活，令人想见那个时代的社会风貌。

两个花蕊夫人

中国历史上有两个花蕊夫人，都生活在五代时期，都与四川有关。一位是五代前蜀主王建之妃，姓徐，初封贤妃。因为她才色俱美，很受王建宠爱，她生的儿子王衍就得以立为太子。王衍即位后，这位花蕊夫人就成了"顺圣太后"。王衍年少，骄淫好酒，颇能文，喜作浮艳之词。他侍奉太后、太妃们到青城山祈祷、游玩，宫女皆著奇冠异服，饰以云霞之画，望之飘然若仙。王衍写了《甘州曲》，描述宫女的情貌，那歌词是：

> 画罗裙，能结束，称腰身。柳眉桃脸不胜春，薄媚足精神。可惜许，沦落在风尘。

前蜀灭亡后，这位"顺圣太后"被后唐庄宗李存勖所杀。她作有宫词，记载前蜀"宣华宫"游乐故事，称为

《花蕊夫人宫词》，其中可确定是她所写的有九十余首。她丈夫王建的墓，叫永陵。在今成都市西郊三洞桥。陵中石棺床的东西南三面刻有伎乐二十四人，奏琵琶、筝、鼓、笙、笛、钹等乐器，是一个完整的宫廷乐队。这组浮雕是王建墓最珍贵的艺术品，把它和花蕊夫人的宫词对照起来看，可以想象出当年蜀宫宴会的盛况。

另一位花蕊夫人，是后蜀主孟昶之妃，姓徐（一说姓费），青城（今四川都江堰西）人。孟昶即位，上距王衍之亡不过十年。前一位"花蕊夫人"的艳名还满灌蜀人之耳。孟昶对他这位徐贵妃的才色，深为慕宠，除了将她升号为"慧妃"外，还特地用前朝王建爱妃名号来称她，亦叫花蕊夫人。"花蕊"二字含义，当然是说连花的颜色也不如她美，只有花蕊的轻盈柔媚可以称之了。

孟昶即位时只有十六岁，虽然史称其好学喜文，曾立石经，并以木板刻书，有功于文化；他也批评过王衍说："王衍浮荡而好轻艳之词，朕不为也。"但在蜀地富庶、境内安宁的环境下，他也渐渐习于奢侈，喜好打毬走马，多采良家女子充后宫，甚至连溺器也用七宝装饰。他曾下令在成都城上尽种芙蓉。对着四十里鲜花盛开的美景，他对左右说："古以蜀为锦城，今观之，真锦城也。"成都的

"蓉城"之名即从此来。孟昶对花蕊夫人恩爱情深、形影不离。苏东坡曾记载过一件事:

> 余七岁时,见眉山老尼,姓朱,忘其名,年九十岁。自言尝随其师入蜀主孟昶宫中。一日大热,蜀主与花蕊夫人夜纳凉摩诃池上,作一词,朱具能记之。今四十年,朱已死久矣,人无知此词者。但记其首两句,暇日寻味,岂《洞仙歌令》乎?乃为足之云。

现在流传的孟昶《玉楼春》词是这样的:

> 冰肌玉骨清无汗,水殿风来暗香满。绣帘一点月窥人,倚枕钗横云鬓乱。 起来琼户启无声,时见疏星渡河汉。屈指西风几时来,只恐流年暗中换。

由于这首词与苏轼那首《洞仙歌令》语句大同小异,使得后代词论家反复辩难不已。但最低限度,孟昶与花蕊夫人纳凉摩诃池上是事实;孟昶曾作词纪其事也是事实;东坡幼年曾听老尼念过全词也是事实。东坡词"冰肌玉骨,自清凉无汗,水殿风来暗香满"自说是用孟昶原句,其补足之句,当亦是由此而发。读者只是细吟这两句,也不难体会蓉城夏夜时池殿的清凉气息和花蕊夫人冰玉般的风度。

花蕊夫人还有宫词传世，其中好些首都真实反映了当日后蜀宫中的生活情况，也透出了她自己的影子。如：

龙池九曲远相通，杨柳丝牵两岸风。长似江南好风景，画船来去碧波中。

殿前宫女总纤腰，初学乘骑怯又娇。上得马来才饮走，几回抛鞚把鞍桥。

薄罗衫子透肌肤，夏日初长板阁虚。独自倚栏无一事，水风凉处读文书。

春天睡起晓妆成，随侍君王触处行。画得自家梳洗样，想凭女伴把来呈。

宋乾德二年（964年），赵匡胤派兵伐蜀，后蜀君臣习于苟安，士无斗志。孟昶派出的抵抗队伍与宋师一触即溃。孟昶只有奉表投降。花蕊夫人作为俘虏被押送汴京。刚离蜀地时，她满怀悲痛，在驿站墙壁上，题了一首《采桑子》：

初离蜀道心将碎，离恨绵绵，春日如年，马上时时闻杜鹃。

据说她刚刚写了这半阕，便被军骑逼迫上道。后来有人为她续了下半阕：

三千宫女如花面，妾最婵娟。此去朝天，只恐君王宠爱偏。

不能说这位词客有意"辱弄"花蕊夫人，因为当时的形势是明摆着的：赵匡胤下令，对花蕊夫人要单独护送，就已经透出信息了。果然到汴京后，她被单独召见。赵匡胤问她："为什么蜀国亡了你不以身殉国?"花蕊夫人即口占一绝以回答：

> 君王城上竖降旗，妾在深宫哪得知? 十四万人齐解甲，更无一个是男儿。

细玩此诗，其味深长。似乎在"颂扬"胜利者的威武，实际是倾吐了对蜀亡的既惋惜又愤慨的复杂情绪。据说，赵匡胤当时听了很高兴。花蕊夫人之机智聪慧，于此可见。

孟昶到汴京时，宋太祖先命其弟赵光义出面迎接，又在崇元殿备礼接见，赐以金银、锦绮、房第，封之为检校太师兼中书令、秦国公，给节度使的最高俸禄。不过，这位没有生任何病、年仅四十七岁的降王，却在数天后突然死去。原因自是不言而喻。而花蕊夫人便被强迫"备后宫"了。据说花蕊夫人虽然含垢忍辱，接受赵匡胤的"宠爱"，但始终不忘孟昶。她悄悄画了孟昶的像，供祭在房中。一次被赵匡胤发现追问，她假说供奉的是"张仙"，以此掩盖过去。

至于花蕊夫人的结局，史籍记载就更为迷离了。一说是被赵光义射死："花蕊夫人随昶进京，昌陵（指宋太祖）亦惑之，晋邸（赵光义封晋王）数谏不从。一日，从猎苑内，花蕊在侧，晋邸方调弓矢，引满拟狩，忽回射花蕊，一箭而死。"（《铁围山丛谈》）一种说法是她"后输蚕室，不忘故主，以罪赐死"（《太平清话》）这就是被判徒刑，弄去从事养蚕劳动。又因怀念蜀王，被处死。还有人说她在宋宫一直受到赵匡胤的宠爱，与上下宫人相处都很好，后来患肠病卒于玉真宫内。几种记载不同，现已无法确证了。

黄休复记蜀中名画

　　晚唐五代，中原战乱频仍，而西蜀相对安定。所以中原文士多避乱入蜀。远在安史之乱时，唐玄宗就逃来成都；黄巢起义时，唐僖宗又逃到成都，为宫廷服务的大画师们也因而云集西蜀。前蜀、后蜀的统治者，都颇侈乐而重文艺，所以当时的四川，不仅苑囿多、庙宇多、花多、歌声多，绘画亦多。除了宫中殿壁、廊庑、亭台楼阁外，名刹大观如大慈寺、青羊宫、昭觉寺、江渎庙以及青城丈人观等都是绘画的海洋。比如大慈寺，有九十六院，阁殿厅房有八千五百四十二间。除雕塑外，只是画的佛像就有一千二百一十五幅；菩萨像一万零四百八十八幅；罗汉、祖僧像一千七百八十五幅；大型而复杂的绘画，如佛会、变相等一百五十八幅。用这个比例看一下，全蜀大大小小的佛寺道观，总共该有多少画，可想而知其洋洋大观了。

黄休复，江夏（今湖北武昌）人，生活于五代宋初。他深于经学，曾校过《春秋三传》。又通医学、药物学，以卖药为生。然而他更大的喜好却是欣赏绘画。他收藏从古到今的名画，家里卷轴充盈。他细心鉴别，分类保存，爱护备至。然而有爱画的人来登门求见，他从不拒绝，总是打开茅舍，拂去榻尘，把画张在架上，与客人共同欣赏。他每到一处，凡有寺院道观，总要去观看其中绘画，乐而忘倦。他在蜀中居住多年，有感于年久世变，某些名绢散失，美壁毁圮，故把自己亲眼看到的五十八位名画家的作品记录下来，分为"逸格"、"神格"、"妙格"、"能格"四个等级，后二格又分上中下三品，写成了《益州名画录》一书。由于他自己有很高的鉴赏水平，所以品评得精细而生动；加之他久居当时的名画渊薮蜀地，故其所录，便成了整个中国绘画史上，有关那一时代的极其珍贵的文献。他把随唐僖宗入蜀的大画家孙位，列为"逸格"唯一的人，其人的特点是：

> 性情疏野，襟抱超然，虽好饮酒，未尝沈醉。禅僧道士常与往还。豪贵相请，礼有少慢，纵赠千金，难留一笔，唯好事者时得其画焉。

寥寥几笔，一个恬淡自守、清高脱俗的艺术家形象跃然纸上。至于记他的绘画，那就更为精彩了：

> 两寺天王部众，人鬼相杂，矛戟鼓吹，纵横驰突，交加戛击，欲有声响。鹰犬之类皆三五笔而成。……其有龙拿水汹，千状万态，势欲飞动。松石墨竹，笔精墨妙，雄壮气象，莫可记述。

图画使人有"声音感"，其神妙可想而知矣。这些画，当时是在成都应天寺和昭觉寺内画的。

他在记画家的同时，也记载了欣赏上有名的故事。如王建据蜀时，年终岁暮，翰林院待诏的专攻神像画的画家照例要献上一幅钟馗图。有一年，画家赵忠义和蒲师训各进一幅，两人画的钟馗形体大致相同，但赵画钟馗是用第二指挑鬼眼睛，蒲画钟馗是以拇指剜鬼眼睛。蜀王王建问在旁的人，两画谁优谁劣。画家黄荃认为蒲师训为佳。蜀王却说：

> 师训力在拇指，忠义力在第二指，二人笔力相敌，难议升降。

并厚赐金帛。看来西川割据者王建在欣赏绘画上，还颇为在行呢！黄休复还在书中记录了许多画家作画的神奇故事。如唐僖宗在黄巢起义被镇压后，要离开成都返长安。四川官民奏请"留写御容"于大圣慈寺，就是请求在大慈寺留下皇帝的画像。有的画家当此重任，看见皇帝就紧张，无论如何画不像。这时，画家常重胤受命提笔，他一写而逼肖，僖宗大为高兴，立刻命"上壁"，并且把驾前文武臣僚一百多人全要画上。重胤奉命操笔，结果个个栩栩如生，风姿宛然。这就是大慈寺中和院里有名的《唐僖宗与百官》画像。在前蜀王建时，常重胤还有一次极精彩的表演：

> 通王宗裕性多猜忌，或于滕嬖。意欲写貌，恶人久见。谓常待诏曰："颇不熟视审观可乎?"常公但诺之。王曰："夫人至矣。"立斯须而退。翌日想貌，姿容短长，无遗毫发，其敏妙皆此类也。

王建这位侄子王宗裕，既要为小老婆画像，又不让画家多看两眼。在没有照相机的五代，这真是个大难题。常重胤只看了"斯须"之时，第二天就能凭记忆绘之，而且"姿容短长，无遗毫发"。其观察力、记忆力与表现力之强，真令人吃惊。黄休复的这类记载，真实、生动，是古代绘画史与创作心理学上的珍贵资料。

黄休复还写有《茅亭客话》十卷，记述蜀中逸事，始于五代，终于宋初，是一部很有名的地方史乘笔记。

花鸟画家黄筌

在我国国画的艺术宝库中，花鸟画是一个重要的门类，自古称为"三科"（人物、山水、花鸟）之一。我国古代花鸟画的成熟阶段在五代，而五代花鸟画大师有两位，即徐熙与黄筌。

黄筌（约903～965年），字要叔，四川成都人。他从小喜欢绘画，重视写生，并拜刁光胤为师学习花鸟、竹石画。他在学习中既尊重老师的教导，又兼学滕昌祐、李升、薛稷、孙位等前辈的长处，"资诸家之善而有之"。再加上个人的揣摩，不断创新，终于自成一家，超越各位老师与前辈，取得了很大的成就。

从十七岁起，黄筌就进入后蜀政府办的画院绘画。以后就负责整个画院，一直受到政府的重用。也就是说，他一生的创作都是在成都的皇家画院中进行的。由于他在宫苑之中见到若干名花、异草、珍禽、怪兽、奇石,大大丰富了他作画的题材。在作画时做到了"无一笔无来处","从不妄下笔墨"。也由于他一直为宫廷作画,深受宫中豪华气派所影响,所以他的绘画风格一向以华丽精细为特点,后人以"黄家富贵"来形容他的绘画风格,是颇有道理的。这种风格的绘画,也自然得到后代统治阶级的喜爱。比如宋代就以"黄体"作为品评作品,进入国家画院的标准,使这种画风在宋代一直占统治地位。

从绘画手法上看,所谓"黄体"是以"勾勒法"为主的。就是先用细墨线勾勒出花鸟的轮廓,再填色彩。这种"勾勒法"和"没骨法"一直是我国花鸟画的两大流派,并成为传统花鸟画中的工笔画和写意画的基础。作为勾勒法在古代最重要的奠基者,黄筌的贡献是应当得到高度评价的。

黄筌一生的作品数量很多,仅北宋时的《宣和画谱》所著录的就有三百四十九件。据说他的作品已到了乱真的地步。据《蜀中名画记》所载,他有一次奉命为白鹤写生,画了六只白鹤,各有警露、啄苔、理毛、整羽、唳天、翘足等不同的形态,"精采体态,更愈于生"。将这幅画摆在殿下，竟引来若干白鹤为伴。于是，他画鹤的这个地方就被后蜀主孟昶改名为"六鹤殿"。又有一次，为皇家饲养鹰犬的五坊使为孟昶进呈刚从北方送来的一只猎鹰。一进新建的八卦殿，猎鹰就不断向墙壁飞扑。原来黄筌在新建的殿壁上画有兔雉鸟雀，因形象逼真，竟使眼力最强的猎鹰也误以为真兔、真雉而扑取。孟昶见此大惊，不断夸黄筌为"当代奇笔"，特地吩咐让在场的翰林学士欧阳炯写了一篇《壁画奇异记》记述其事。

不过，黄筌的作品大多失传，现在能见到的只有两幅：一幅是《竹鹤图》，已流到国外；一幅是《写生珍禽图》，现珍藏于故宫博物院。

张咏治蜀

宋真宗景德年间（1004～1007年）一个夜晚，有一队人马到益州（今成都）城北门，大叫开城，为首的是一名宦官。入城后，知州接见他们时说："朝廷还知道我张咏在西川吗？川地两经兵乱，叫我来治乱。现在内侍大人夜半入城，使百姓惊扰，不知来办什么紧要公事？"那宦官回答说："奉命到峨眉烧香。"知州看了他一眼说："你愿意先斩后奏，还是先奏后斩？"那宦官慌了手足，哀告道："请宽恕我才从宫院出来，不知道州府事体。"知州叫他们出北门住宿。第二天早晨，那宦官规规矩矩交上禀帖："奉勅往峨眉山烧香人王某参。"知州提笔批示："既衔王命，不敢奉留，请于小南门出去。"

这位刚直的州官，就是北宋时两次来知益州的张咏。他字复之，濮州鄄城（今山东鄄城）人。做官以强干知名。淳化五年（994 年），知益州。当时，正是王小波、李顺起义遭到残酷镇压的时候。张咏的基本立场，当然还是站在宋王朝一边的。但是他看到蜀地人民起义本是官吏逼出来的，而前来镇压的兵将又残酷地烧杀抢掠，更与百姓带来痛苦。所以他勤于安集，对老百姓宽和而对狡吏劣卒则严加制裁。

他刚到成都，宋军昭宣使、大宦官王继恩把抓到的农民起义军战士三十多人押到州衙来，叫他处置。张咏把三十多人全部放了，叫他们回家安心种地。王继恩大怒，找张咏质问，张咏说："前日李顺胁民为'贼'，今日咏与公化'贼'为民，何有不可哉！"由于他的这一态度，保全了许多起义农民的性命。

王继恩带兵入川，烧杀抢掠。张咏到成都后，有人来告发王继恩部下趁机抢掠民财。那抢劫者闻讯，夜晚缒城逃跑。张咏派自己手下人去抓他，吩咐说："抓住后，就捆着丢进井中，不要送来。"手下人照办了。王继恩知道后，不敢与张咏提说这事，他的部下也就收敛多了。

张咏刚到益州，城中驻兵数万人，粮食全从陕西派民夫送来。他了解到民间盐贵而粮食不缺，就把官盐减价出卖，叫人民以米来易盐。不到一月，就得到几十万斛米。

军士们有了好米吃，也就愿听他的命令，于是他在成都基本做到了令行禁止。

张咏和名僧文鉴大师有交往。有个名叫彭公乘的书生想向张咏献诗文，找文鉴帮忙。文鉴说："州官大人是最摸不透的。他来寺后，你先等在旁边，我代你交文章，如果称赞，才可出来拜见。"一天，张咏来，文鉴呈上彭文。张咏默默看完，不说一句话，却把文章丢在地上。彭在一旁十分沮丧，后来张咏任职期满要走了，托文鉴把彭公乘找来，对他说："先前看到你的文章，心里很称赞，口头未说出，是因为你年轻，我如果赞扬了，你就会自满怠惰。所以，才丢在地上来反激你。今后，你的前程一定超过我。现在，我留下一些钱，助你购书之用。努力吧！"

由于张咏清廉刚正，又通达世事，所以他两住益州，都很有政绩。使百姓安集，生产恢复。人民感激他，关于他勇敢、强毅、机敏的故事，更是在蜀中广为流传。

张咏也擅长诗文，有《乖崖先生集》传世。不过，由于他的政绩远播，对北宋时期四川经济文化的发展起了很大的推动作用，所以一般人就不大注意去研究他的文学创作了。

不夸驷马的范镇

"不学乡人夸驷马，未饶吾祖泛扁舟。"这是宋代四川文学家范镇晚年回乡旅游时写下的诗句。当年司马相如离成都出北门过桥时说："不乘赤车驷马不过汝下。"范镇是华阳（今属成都）人，与相如是老乡。他在朝廷任过翰林侍读学士、知通进银台司（掌管诏令和奏章出纳），官职不小。可他回到故乡，轻车简从，很谦抑，不向人夸耀自己。所以是"不学乡人夸驷马"。春秋时，范蠡帮助越王勾践打败吴国之后，不再仕越，一叶扁舟泛五湖而去。范镇姓范，自称是范蠡之后。"未饶"就是不放过。即不放过学我祖先那样扁舟泛五湖，所以叫"未饶吾祖泛扁舟"。这两个典故用得很贴切，也从中可以看到这位文学家的胸怀。

范镇（1007～1087 年）字景仁，北宋名臣，文学家。

薛奎知成都府时，一见奇之，说："此乃庙堂之人也！"请他进府为子弟授课。而范镇很谦退，进府授课都不骑马，拒绝迎送，自己步行。一年多后，人们还不知道他是知府大人的座上客。后来举进士，礼部奏为第一名。以后做官，一直递升为起居舍人、知谏院。

范镇为人清白坦荡，刚直不阿，敢于坚持自己意见。宋仁宗在位多年没有继嗣，在封建社会这是很严重的问题。范镇连续上疏十九章，"待命百余日，须发为白"。后来被解除官职，改任集贤殿修撰，纠察在京刑狱，同修起居注。但他一有机会，仍然重申前议。后来，宰相韩琦终于听从此议，立了宗室赵曙为太子，就是后来的宋英宗。

在英宗朝，他迁官翰林学士。但又因反对追尊英宗生父为"皇考"，改为侍读学士。不久，出知陈州（今淮阳）。陈州正当饥荒，他上任三天，就下令贷钱三万多贯、贷粮三万多石，救济饥民。老百姓感激地高呼"范公千岁"。但因此举未经批准，上司追查很急，范镇上书自劾辞官。英宗下诏宽恕了他。结果这年陈州大丰收，所发钱粮全部收回了。

熙宁年间，王安石当政，实行新法。他和司马光、苏轼都是反对新法的。他严厉批评王安石"用喜怒为赏罚"，

所以不容于朝,终于"以户部侍郎致仕",被迫退休。他在致仕的谢表中仍然说:

> 愿陛下集众议为耳目,以除壅蔽之奸;任老成为腹心,以养和平之福。

天下听到这话的人都说他真有骨气。退休后,苏轼去看望他,说:"公虽退,而名益重矣!"他说:

> 君子言听计从,消患于未萌,使天下阴受其赐。无智名,无勇功。吾独不得为此。使天下受其害而吾享其名,吾何心哉!

可以看出,他的思想境界确实很高。后来,元丰年间苏轼因写诗讽刺新法,被拘捕查讯,已经在追查他和苏轼的来往书信了,他仍然上书朝廷,保救苏轼,一点不惧怕。

退休后,他先是居住京城,后来迁到许昌。但他非常怀念故乡成都。熙宁八年,他由许昌轻车简从,回到西蜀。老朋友吕大临正在任梓州知州,他先到梓州小住,然后回到成都。他"与乡人乐饮,散财于亲旧之贫者"。这时成都知府是蔡延庆,亦是他的老朋友,邀他同游城北的学射山(今成都磨盘山)。他有《仲远龙图见邀学射之游先寄五十六言》诗云:

> 几年魂梦寄西州,春晚归逢学射游。十里香风尘

不动，半山晴日雨初收。指拨武弁呈飞骑，次第红妆

数胜筹。夹道绮罗瞻望处，管弦旌旆拥遨头。

仲远，是蔡延庆的字。唐宋时，成都官员游学射山，一般
都要进行射箭的比赛活动。遨头，这里指知府。范镇这首
诗写出了当日盛况。他在成都还写有《游昭觉寺》一诗：

炎蒸无处避，此地忽如寒。松砌行无际，石房禅

自安。鸳鸯秋沼涨，蝙蝠晚庭宽。登眺见田舍，衡茅

半不完。

昭觉寺在成都北郊五公里，建于唐贞观年间，原名建元寺，
唐宣宗赐名昭觉，为成都著名古刹。这首诗很值得玩味。
前六句尽量描写环境的凉爽、安静、悠闲、宽阔，犹如是
一幅幽深清丽的图画。可是最后两句，却突然突出农村的
凋敝。在这不协调中，还表现出了范镇的政治倾向性。他
这诗作于王安石变法时的熙宁八年，他在暗指新法实行，
人民"衡茅半不完"。又用这景象与佛寺的幽闲清旷对比，
暗谓僧徒富裕而平民疮痍。《宋史·范镇传》称他"学本六
经，口不道佛、老、申、韩之说"。这首诗可谓一箭双雕，
既反新法又讽佛教。他少时曾作《长啸却胡骑赋》，以其文
风挺拔雄壮而名动朝野，流传到契丹。他后来出使辽国，
辽国宰相指着他悄悄对左右说："此长啸公也！"由此亦可

见他的风貌。他在成都小住后，即往游峨眉山、青城山，下巫峡，出荆门，旅游一年，才回到京师。沿途作了三百多首诗。晚年，宋哲宗屡想起用他，他都拒辞了。他还是一位音乐家，参加了订正乐律的工作，完成后就去世了。他的著作很多，契丹、高丽都流传他的诗文。其中，笔记《东斋记事》十卷，记录宋代开国时事，详于蜀地情况，是研究四川古代历史的重要资料。

"白云隐君"张俞

　　昨日入城市，归来泪满襟。遍身罗绮者，不是养蚕人。这首《蚕妇》诗以鲜明的形象，强烈的对比，激越的感情，说出了封建社会劳者不获、获者不劳的现实，至今脍炙人口，发人深省。它的作者，就是北宋时隐居在青城山白云溪的郫都区诗人张俞。

　　张俞（或作愈），字少愚，北宋益州郫（今郫都区）人。生卒年不详，大概与苏洵同时。他少有大志，游学四方，可是屡举不第。宋仁宗宝元元年（1038 年），他上书论边事，并自请让他出使契丹，施展外交手段"令外夷相攻"以保全中国。他的议论豪壮激昂，影响颇大。后来由地方官推荐，授予他试秘书省校书郎的官职。可他不愿做官，要求把这职位转授给他的父亲，自己隐居山林。仁宗庆历初年，文彦博知成都府，非常器重他，选择了青城山白云溪唐五代著名道士、文学家杜光庭的故居，作为他的隐居之所。

张俞博古通今，甚机智，有胆略。从他敢于自请出使策动"外夷"战争一事，就可以看出来。他还曾经帮助文彦博止息谣言。原来，文彦博以秘阁直学士来为成都知府时，还不到四十岁，又喜欢开宴会，欣赏音乐舞蹈，于是有些流言蜚语传到了京城。恰好有一个四川籍御史何圣从告假回成都，宋仁宗叫他悄悄调查一下文彦博。文彦博听说，很不安。张俞叫他不必着急。自己则先到汉州（今广汉）迎接何御使，让州里一群很美的营妓来侍宴。其中有个会跳舞的，何御使特别喜欢，问那姑娘姓什么，她回答姓杨，半醉的何御使欣赏地说："你就是所谓的'杨台柳'吧！"张俞看到这一幕，就请那姑娘取下丝罗围巾，在上面题了一首诗：

> 蜀国佳人号细腰，东台御史惜妖娆。从今唤作杨台柳，舞尽春风万万条。

然后叫那姑娘用"柳枝词"的曲调唱这首诗劝酒，何御使十分高兴，喝得大醉。

几天后，何御使到成都，态度很严肃，很矜持。文彦博开几次大宴会欢迎他，暗地把那汉州的杨姑娘叫来杂在成都府的歌妓队伍中，唱着张俞那首诗去劝酒，何御使几乎每一次都喝得大醉，也不再提调查之事。后来何御使回京，关于文彦博的流言蜚语也就烟消云散了。

张俞志大才高而不为世用，所以心胸激昂而行为超迈。他爱弈棋，喜旅游，兴之所到，几千里也要带着全家同往。他们到过湘江、沅江，看过钱塘潮，登过广东罗浮山、湖南九嶷山。在游览长安时写下的饱含兴亡感慨的诗篇，很为流传。如《游骊山》：

> 玉帝楼前锁碧霞，终年培养牡丹芽。不妨野鹿逾垣入，衔出宫中第一花。

又如《翠微宫》：

> 翠微寺本翠微宫，楼阁亭台数十重。天子不来僧又死，樵夫时倒一株松。

翠微寺在终南山脚下，本是唐太宗李世民修建的行宫，中唐后改为佛寺。以上两诗，都把昔日繁华雄丽与目前荒凉冷落对比，表现了深沉的思考。张俞的这些思想感情不是泛泛而谈的，联系他那首著名的《蚕妇》诗，可看出他对封建社会的根本矛盾是颇有察觉的。

张俞晚年，闭门著书，可惜书未完成就去世了。他的妻姓蒲名芝，贤德而能文，和张俞志趣相投，非常理解他。张俞死后，蒲芝写了一篇诔文，评价张俞的思想和志趣，其中有这样的话：

> 尝曰丈夫，趋世不偶，仕非其志，禄不可苟，营营末途，非吾所守。吾生有涯，少实多艰，穷亦自固，困亦不颠。不贵人爵，知命乐天。……岭月破云，秋霖洒竹，清意何穷，真心自得。放言遗虑，何荣何辱？

这确实是比较真实地反映了张俞的思想风貌。张俞所写的《白云集》已佚，读他散存的文字所得到的印象，确实跟蒲芝的叙述是一致的。

大器晚成话苏洵

朱德同志游眉山三苏公园时题诗一首：

> 一门三父子，都是大文豪。诗赋传千古，峨眉共比高。

这三父子指的是苏洵和他的儿子苏轼、苏辙。"唐宋八大家"是两个朝代七百年中筛选出来的散文界精英人物，而他们一家人就占了三位。

苏洵（1009～1066 年），字明允，后世习称苏老泉，宋眉州眉山（今四川眉山）人。他的父亲苏序，对子女教育有方。苏洵的两个哥哥苏澹和苏涣都读书应举。苏涣于天圣二年（1024 年）中进士。苏洵虽从小聪明颖悟，但把读书治学看得简单，不以为意，苏序并不责怪他。十九岁时与眉州巨族程文应之女结婚。程氏贤淑而能文。在她的劝导帮助和支持下,苏洵在二十七岁上,始大发愤读书。前后十多年中,他又曾数次出外游历。以后,入京应举又曾东下三峡,由江陵北上汴京,返回时经华山、终南山,由剑阁一路回眉山。他在诗中写了行经栈道入川的险况:

> 渐渐大道尽,倚山栈鲁缘。下瞰不测溪,石齿交戈铤。虚阁怖马足,险崖摩吾肩。左山右绝涧,中如一线悭。傲睨驻鞍辔,不忍驱以鞭。累累斩绝峰,兀不相属联。……行行上剑阁,勉强踵不前。矫首望故国,漫漫但青烟。及下鹿头坡,始见平沙田。

这里所描写的,正是朝天关——广元——剑门关一线的古剑门蜀道。如今,人们只能从那留在悬崖石壁之上的一排排石洞遗迹去想象古代交通的艰苦了,而苏洵这诗,却用真实的笔墨细致入微地记录了当时景象。

此后,在科举道路上历尽艰辛、屡举不第的苏洵,下决心"绝意于功名,而自托于学术"。他焚烧了从前所作几百篇文章,闭户读书,探究六经百家之说。几年之后学问大长,写成了《几策》《权书》《衡论》《史论》《洪范论》等著述。接着,在知益州张方平和知雅州雷简夫的推荐下,带着两个儿子到京城应试。欧阳修见到他的文章十分赞赏,认为贾谊、刘向不能超过,比之为荀子。次年,即嘉祐二年（1057 年），他和两个儿子都登进士甲科，父子一朝名动京师，苏氏文章流播天下。苏洵很有感慨地说："莫道登科易，老夫如登天！莫道登科难，小儿如拾芥！"

正在这时，他们接到家书，他妻子程氏在家病逝。苏洵匆忙携二子回家办理丧事。嘉祐三年十月和四年六月，朝廷两次下诏要他赴京试策论于舍人院。苏洵借口生病，推托不去。

嘉祐四年十月，苏轼、苏辙服母丧期满，苏洵带着全家赴京。他们沿岷江、长江东下，出三峡到江陵，然后北上汴京。一路之上，游览名山胜水，吟诗作赋，写下了不少优美的诗文。行经嘉州（今乐山）时，系舟长堤，游览龙岩、凌云寺。苏洵在《游凌云寺》诗中，描绘了大佛的形状：

> 长江触山山欲摧，古佛咒水山之隈，千航万舸膝前过，仰视绝顶皆徘徊。足踏重浪怒汹涌，背负乔岳高崔嵬。

由戎州（宜宾）、渝州（重庆）入三峡，父子三人沿途都有诗纪事。出西陵峡后，去游了"三游洞"。这次三苏父子也人各题诗一首，人们称之为"后三游"。苏洵诗中说：

> 洞中苍石流成乳，山下寒溪冷欲冰。天寒二子苦

求去，吾欲居之亦不能。

表现了对这美景的眷恋。当年他们在荆州度岁，然后北渡汉水，至襄阳，瞻仰隆中，游万山潭，登岘山，于嘉祐五年二月，到达汴京。

由于苏洵一再拒绝应试，朝廷于嘉祐五年八月，任命他为试秘书省校书郎。对此，他很不乐意，曾上书宰相韩琦，要求"别除一官"，说："岂天下之官以洵故冗邪！"言下之意，极为不平。因朝廷正要编纂礼书，于是授他为霸州文安县主簿，命与项城令姚辟一道编礼书。治平二年（1065年）重阳节，苏洵应邀参加了韩琦家里的宴会。回家后写了一首《九日和韩魏公》：

晚岁登门最不才，萧萧华发映金罍。不堪丞相延东阁，闲伴诸儒老曲台。佳节已从愁里过，壮心偶傍醉中来。暮归冲雨寒无睡，自把新诗百遍开。

这首诗既婉转地表现了对当时官职和处境的不满之意，又含有"烈士暮年，壮心不已"的期待。沉郁顿挫，意蕴深远，是苏洵集中最好的诗作之一。治平三年四月，苏洵修成《太常因革礼》之后，就病逝于京师，韩琦的挽诗中有句云："名儒升用晚，后愧莫先予。"这说明苏洵在人们心目中颇高的地位。

苏洵的散文老辣犀利，简劲有力，宏伟雄迈，奔腾驰骋，很有战国纵横家风度。《权书》中的《六国论》一篇，评论六国破亡、分析对敌斗争中应注意的问题，借以批评北宋王朝屈辱求和的外交路线，最足以代表苏洵文字特色，历来为人们所传诵。

一代风流苏东坡

在中国文化史上，无论从作品流播之广泛，读者之众多，研究之久远，还是从对后代精神面貌影响之大来看，苏东坡都具有与屈原、陶渊明、李白、杜甫一样的地位。他是少有的全能大师，是继欧阳修之后北宋文坛的领袖。其散文与欧阳修并称"欧苏"，为八大家中巨擘；诗歌与黄庭坚并称"苏黄"，开启宋代诗歌的新面貌；词与辛弃疾并称"苏辛"，是豪放词派的开创者；书法艺术与黄庭坚、米芾、蔡襄并称"四大家"；绘画上，是以文同为首的"文湖州竹派"的重要人物之一。他文中的《赤壁赋》；诗中的"欲把西湖比西子，浓妆淡抹总相宜"、"不识庐山真面目，只缘身在此山中"；词中的"大江东去，浪淘尽千古风流人物"等作品，千百多年来，一直是妇孺皆知的。苏东坡是两宋文化高峰的代表，是四川文化史上的光荣和骄傲。

苏东坡（1037～1101 年），名轼，字子瞻，东坡是别号。宋眉州眉山（今四川眉山）人。父亲苏洵是著名散文家。在政治见解和文章写作上都给苏轼以极大的影响。母亲程氏从小教他读书，曾用汉末范滂与专权误国的宦官英勇斗争的事迹勉励他。所以，苏轼从小就"奋厉有当世志"。

嘉祐二年（1057 年），应考进士，主考官欧阳修看到他的文章"惊喜以为异人"，但又怀疑是自己学生曾巩之作，为避嫌故抑置第二名，殊不知拆封看名，却是苏轼！欧阳修当时就说此人"他日文章必独步天下"！

苏轼守母丧满后，又赴京应制举，当了几年小官。不久，又守父丧回眉山老家。熙宁二年（1069 年）还朝，王安石已雷厉风行地推行新法了。苏轼原也是看到北宋王朝"积贫积弱"的危机的，但鉴于范仲淹庆历新政的失败，他比较持重，不赞成猛烈改变，并且认为"立法之弊"和"用人之弊"比较起来，后者还要严重些。苏轼与韩琦、富弼、司马光、欧阳修等几位反对新法的大臣本来就关系密切，加上又看到新政执行中产生的一些新的弊端，所以一回朝就与王安石对立。这样就势难继续留在京中，于是自请外调。从熙宁四年（1071 年）起，先后任杭州通判、密州、徐州、湖州知州。熙宁九年（1076 年）王安石罢相，新法在一批投机官僚手中仅存旗号，实际成了争权夺利、排斥异己的工具。元丰三年（1079 年），御史中丞李定等摘取苏轼一些讽刺新法的诗句，深文周纳，把苏轼逮捕下狱，这就是著名文字狱"乌台诗案"。苏轼出狱后，责授黄州团练副使。他向官府求得故营地数十亩耕种。因白居易有在忠州东坡种花事，那故营地亦在东边，所以亦称之为东坡，他亦自号东坡居士。元丰八年（1085 年），宋神宗死，高太后垂帘听政，起用司马光等旧党，废除熙宁新法，苏轼亦被调回朝，连续升官。但他对于司马光等人"专欲变熙宁之法，不复较量利害，参用所长"深为不满。比如免役法，已经行之有效，非常便民，他就不赞成废除。因为他要实事求是，又受到这些"旧派"的排斥，只好又请求外调。从哲宗元祐四年（1089 年）起，先后任杭州、颍州、扬州、定州知州。元祐八年（1093 年）高太后死，哲宗亲政，"新党"重新上台。又把他作为"旧派"的骨干，严加打击，五十九岁的苏轼被贬到惠州安置。三年后又再贬到海南岛上的昌化军安置。元符三年（1100 年），哲宗死，徽宗继位，以赦内迁，次年到常州，因病去世，享年六十六岁。

　　苏轼的思想以儒家思想特别是孟子的"民本"思想为主，而讲佛论道不过是在遭到政治迫害时用以自我排解的武器。不管打击多么沉重，环境多么险恶，他都没有被压得抬不起头。对社会、对人生始终采取执着的态度。卷在斗争旋涡中，始终没有退隐，没有离开他所热爱的"人间"。不管自己处境怎么不好，从民本思想出发，他所到之处总是尽力为人民做好事。在凤翔，他努力改变"民贫役重"现状；在密州，他拿出官库粮食收养民间弃儿；在徐州，他领导人民防洪，"庐于城上，过家不入"，事后，又派人查找和开采煤矿，解决人民燃料问题；在杭州，他疏浚西湖，筑堤引水，灌溉农田达千顷，"苏堤"之名，至今尚存；他还自己捐钱加上官库资财，开办免费病坊，治愈数千病人；在扬州，他废除前知州蔡京搞的生事扰民的"万花会"，并整顿水上交通；在定州，他惩治贪污的吏胥和骄横的军将，整顿边防部队；贬到惠州后，他还自己捐钱为当地修桥，并帮助广州地方官用竹筒引白云山蒲涧泉入城，解决人民食用淡水的问题。他的这些政绩，有口皆碑。他在常州去世，"吴越之民，相与哭于市"。

　　自从熙宁元年（1068 年），苏轼三十三岁离开眉州去京后，再也没有回到西蜀，可他永远是热爱故乡的。蜀中山水的雄劲秀丽、多姿多态，总是萦绕在他的胸中。

他二十岁来游成都，碧鸡坊、大慈寺、濯锦江、万里桥，都给他留下深刻印象。大慈寺壁画尤使他神往，他记录评述过大慈寺中和胜相院里关于唐僖宗及其从官七十五人的画像。这是名画家常重胤等人的杰作，"精妙冠世"。他尤为喜爱大画家孙知微在大慈寺寿宁院壁上兴到神来时，须臾而成的湖滩水石四堵，爱其"输泻跳蹙之势，汹汹欲崩屋"之神态。后来他曾请名画家蒲永升为他临摹四幅，在外地做官都一直带在身边。他由成都去青城，欣赏了郫筒酒，还记录下青城山"老人村"的事迹，他曾在《和桃花源诗序》中说：

> 蜀青城山老人村，有见五世孙者。道极险远，生
> 不识盐醯，而溪中多枸杞，根如龙蛇，饮其水故寿。
> 近岁道稍通，渐能致五味，而寿亦益衰。

他剔除了关于"老人村"神怪迷信的传说，而能从环境和营养观点看问题，这在九百多年前，是难能可贵的。

苏轼少年时代就热爱着峨眉山，后来在《雪斋》诗中写道：

> 君不见峨眉山西雪千里，北望成都如井底。春风
> 百日吹不消，五月行人如冻蚁。

离家外仕后，亦常思念峨眉山：

> 江汉西来，高楼下，葡萄深碧。犹自带岷峨雪浪，锦江春色。（《满江红·寄鄂州朱寿昌》）

他在常州逝世前，遗命葬他在汝州郏县小峨眉山下，也因为那里山势远望正如峨眉一样。

万里长江，在苏轼笔下，也留下了绚烂的身影。嘉祐四年，苏轼与父亲、弟弟水路赴京，过乐山时，有《初发嘉州》诗：

> 故乡飘已远，往意浩无边。锦水细不见，蛮江清可怜。奔腾过佛足，旷荡造平川。

写舟经乐山大佛时，水势湍急，江面忽然开阔的景象，很有实感。

东坡还有一首《送张嘉州》，也写了凌云山胜景：

> 生不愿封万户侯，亦不愿识韩荆州，但愿身为汉嘉守，载酒时作凌云游。虚名无用今白首，梦中却到龙弘口。浮云轩冕何足言，惟有江山难入手。"峨眉山月半轮秋，影入平羌江水流。"谪仙此语谁解道，请君见月时登楼。笑谈万事真何有，一时付与龙岩酒。

这首诗是东坡后来在杭州时赠人的。因为表达了对故乡山水强烈的感情，所以很打动人，极负盛名。因为此诗，后来在乐山凌云山就出现了"苏东坡载酒时游处"石刻，凌云寺旁有了一所东坡读书楼，都是后人为怀念东坡而依托的。

经戎州（今宜宾）入长江后，东坡沿途都有题咏。在忠州游了白鹤观，写了《望夫台》《屈原塔》等诗。到巫峡后，他特地去凭吊了西汉末据蜀称帝的公孙述的白帝庙、三国时刘备居住的永安宫，观看传为诸葛亮所布的八阵图。在《永安宫》一诗中写道：

> 千古陵谷变，故宫安得存。徘徊问耆老，惟有永安门。……吁嗟蜀先主，兵败此亡魂。只应法正死，使公去遭燔。

他慨叹刘备不听劝谏，出兵伐吴，终遭惨败，而引用诸葛亮"法孝直若在，则能制主上令不东行"的话以评论此事，表现了他对诸葛亮的敬仰。

进入三峡后，他写的诗就更多了，还曾攀登上山试图弄明白神女峰的秘密。尽管他在送父柩回蜀之后，再也没有走过三峡水路了，可是他却永远怀念三峡。他后来还在诗中写道："长江昔日经游地，尽在如今梦寐中。"充分表现了他对长江三峡深深的怀念之情。

"颍滨遗老"苏子由

　　中国文学史上，有这么个奇特的"孪生"现象。苏东坡和他弟弟苏辙，生理上虽非孪生（相差两岁），但一生行事却基本相同。幼年同师授读，同受父母教育、影响，青年时同时应进士举，同榜中第，同路返川。又同船去应制举，同时被录取、授官。送父柩又同归西蜀。熙宁二年同时还朝，又同样反对王安石新法，同样外调。"乌台诗案"发生，同时遭贬。元祐年间同时调回朝，同样升官。哲宗亲政，又同时遭贬，并同样贬到岭南。徽宗继位之初，同时遇赦北还。由于他们在一起时，诗文共同做一个题目，不在一起又互相唱和，所以连集子中作品题目也有很多相同的。简直如同根的两权树干，荣枯与共。当然，也有些不同，苏辙较冷静深沉，不像东坡那样锋芒外露，也不多得罪人，所以他的官位最高时超过其兄，当到副宰相。然而，正由于他政治家气质更重一些，所以在文学创作上也就逊色一些。最后，在建中靖国元年（1101年）苏轼死后，他闲居颍昌（今河南许昌），为了避祸，他闭门深居，不与外人往来，家人相聚也绝口不谈时事，或著书，或终日默坐。就这样持续十多年，直到政和二年（1112年）七十四岁时逝世。此中原因，他在崇宁五年（1106年）六十八岁时的《九日独酌》中的几句诗讲得很清楚：

> 府县嫌吾旧党人，乡邻畏我昔黄门。终年闭户已三岁，九日无人共一樽。

他家傍颍水，故自称"颍滨遗老"，上引四句诗就是"遗老"二字最好的注脚。

苏辙自幼学习诗文，以父兄为师。他十一岁与兄苏轼同在眉山塾中读书。一日大雨，与同学程建用、杨尧咨四人共同联句。程说："庭松偃仰如醉"；杨接上："夏雨凄凉似秋"；苏轼说："有客高吟拥鼻"；苏辙最小，说："无人共吃馒头"。他们弟兄相处，玩笑中也作诗文训练。

嘉祐四年（1059年）随父兄入京，舟过凌云山，他有《初发嘉州》诗云：

> 飞舟过山足，佛脚见江浒。俄顷已不见，乌牛在

中渚。

这乌牛，就是今天乐山的乌尤山。本是与凌云山相连的，李冰治水时，为杀三江合流的水势，以利行舟，因于两山之间（今麻浩口处）凿一航道，山遂独立江中，成为"离堆"。又以形如犀牛，故称"乌牛"。苏辙的诗真实记录了飞舟南下时，对江山景物的感受。途经戎州（今宜宾），苏辙有《戎州》一诗，生动地写出了此时宜宾地区各族共处的面貌：

> 江水通三峡，州城控百蛮。沙昏行旅倦，边静禁军闲。汉虏更成市，罗纨靳不还。投毡捡精密，换马瘦孱颜。兀兀头垂髻，团团耳带环。夷声不可会，争利苦间关。

途经三峡时，他与苏轼一道登山访庙，写了许多诗。至于由陆路到汴京往返经过的"剑门蜀道"，更是常常在他心中留下温馨的亲切感。元祐四年（1089 年），他五十一岁，出使契丹，行经古北口，见其环境颇类蜀道，遂题一诗云：

> 乱山环合疑无路，小径萦回长傍溪。仿佛梦中寻蜀道，兴州东谷凤州西。

兴州（今陕西略阳）、凤州（今陕西凤县东北）一线，正是古剑门蜀道的北端。二十多年过去了，他对这条路还时常回忆，他永远怀念着家乡。

墨竹大师文与可

中国画以其独具的民族特色卓立于世界艺坛，墨竹又是国画中的一朵奇葩。竹子是与中国人生产、生活、思想关系密切的植物，毛笔与烟墨又是中国独特的书写工具。用毛笔蘸墨画竹，自唐宋以来，在中国绘画史上形成了一个专门流派。这种画，只用浓淡墨，不着别色，讲求与中国书法相联的笔法，重神似而不求形似。或疏放，或奇傲，或突怒，或恬和。总之，寥寥数笔，即可传出大自然的美妙，寄托画家的神韵。

元朝人吴镇，为宋元以来擅长墨竹的画家二十五人作传，编为《文湖州竹派》一书。其中为首的就是西蜀文士文同。

文同（1018～1079 年），字与可，自号笑笑先生、锦江道人，因系汉代文翁之后，人称石室先生。宋梓州永泰（今四川盐亭）人。仁宗庆历四年（1044年），文彦博知成都府，见其诗文，深为赞赏。皇祐元年（1049年）与司马光同榜登进士第，历仕州县，神宗熙宁三年（1070年），知太常礼院。其时王安石推行新法，文同与司马光、苏轼一样不满新法，因此为避祸而自请外任，遂以太常博士出知陵州（今四川仁寿）。次年，改知兴元府（今陕西汉中市）。熙宁六年，改知洋州（今陕西洋县）。元丰元年，罢郡回京，判登闻鼓院。复请外任，得湖州（今浙江绍兴），未赴任，即病死于陈州（今河南淮阳）。现在四川盐亭县永泰乡，还有文同的故宅和坟墓的遗迹。

在北宋变法派与反变法派的激烈竞争中，文同不像司马光、苏轼那样卷在斗争的旋涡中。他采取寡言、远祸、行中道以外的处世态度，逃避矛盾。不过，他为人正直，同情人民疾苦，在地方任职时，也为人民办了些好事。在四川陵州时，他访知城中有歹徒横行，居民暮即闭户，不敢夜行。遂查出为首者严加惩处，于是"虽篝火宵行，无复扰者"，地方安宁，百姓满意。在陕西洋州时，值朝廷推行"榷法"，即对茶、盐实行专卖。洋州在山中，交通不便，茶叶收购不完，官盐又不够供应，致使茶堆积如山而民有淡食之苦。文同向朝廷奏请缓行，让百姓自由进行盐茶贸易。神宗准许了，虽然上级官员不满，但下面却是"舆诵欢然"。在兴元，他发现当地因重财轻文，愚昧不学，便劝谕人民送子弟上学，还申奏朝廷，办起府学，使风俗为之一变。

文同是一个多才多艺的艺术家。他的从表弟苏轼曾称他有"四绝"："一诗、二词、三书、四画。"《宋史》说他"善诗、文、篆隶、行、草、飞白"。他的《丹渊集》，虽然不是他著述的全部，但内容还是十分广泛的。他的诗，学李、杜、王、孟，古朴清新，较有现实内容。如《织妇怨》写织妇的艰辛，诗中记录了名产品"鹅溪绢"（四川盐亭城北鹅溪所出）的制作过程，揭露了监官作威作福压制人民的恶迹，最后发出"安得织妇心，变作监官眼"的感慨，表现了对人民的同情。当他看到百姓贫困，而自己又无法解救他们时，常常发出一个正直官吏的感叹。他在《自咏》中写道：

> 看画亭中默坐，吟诗岸上微行。人谓偷闲太守，自呼窃禄先生。

作为一个大画家，文同的诗中更多是摄取大自然的美景入诗。如写田园生活的《村居》：

> 日影满松窗，云开雨初止。晴林梨枣熟，晓巷儿
> 童喜。牛羊深涧下，凫雁寒塘里。田父酒新成，瓶罂
> 馈邻里。

景色明丽，风俗淳朴，体现了作者热爱乡居生活的优美情思。还有一些小诗，俨然就是一幅小画，非常清新可喜，如《咏鹭》：

> 避雨竹间点点，迎风柳下翩翩。静依寒蓼如画，
> 独立晴沙可怜。

在中国文化史上，文同最闪光的地方，还在于他对绘画的贡献。自唐以来，文人画渐兴，以山水花鸟取代宗教故事，在对自然景物的描绘中，融进作者独特的感受，重在写意。文同的山水花鸟画《晚霭图卷》《盘谷图》《鸲鹆图》都是绘画史上的名作，而特别突出的则是他的墨竹。他画的墨竹，叶叶着枝，枝枝着节，深墨画面，淡墨画背，立体感很强，形态逼真而寄托精微。文同生前，其画即为人宝爱。当时"四方之人持缣素而请者，足相蹑于其门"。流传下来的更是稀世之珍。清代《佩文斋书画谱》著录二十六幅，到如今存世的只有四幅了。原来都收藏在故宫，现有二幅藏于台湾，一幅流传国外。

文同画竹之妙，不是偶然的。他自己说，他平常是
"朝与竹乎为游，暮与竹乎为朋，饮食乎竹间，偃息乎竹
阴，观竹之变也多矣"。临笔之时则是"先得成竹于胸中，
执笔熟视，乃见其所欲画者，急起从之，振笔直遂，以追
其所见，如兔起鹘落"。现在常用的"胸有成竹"的成语，
就是由此而来。他曾把这体会告诉过苏东坡，苏东坡理解
他的话，但由于自己技法训练不够，所以"心识其所以然"
而"内外不一，心手不相应"，赶不上他的水平。东坡在
《书晁补之所藏与可画诗》中说：

> 与可画竹时，见竹不见人。岂独不见人，嗒然忘
> 其身。其身与竹化，无穷出清新。

由此可见，文与可画的竹子都是他全部精神和心血的结晶。
除了高度集中的观察，熔铸和刻苦的技法训练外，心胸淡
泊也是他艺术创作的重要条件。他并不把画竹作为敲门砖，
作为向社会讨价还价的资本。他曾把求画者送来的画帛丢
在地下，骂道："吾将以为袜!"他在洋州筼筜谷游赏观竹，
还带着他的"太守夫人"一道，晚饭的菜肴只有一点火烤
笋子而已。正吃饭时，收到苏东坡的来信，中有诗云：

> 汉川修竹贱如蓬，斤斧何曾赦箨龙。料得清贫馋
> 太守，渭川千亩在胸中。

他不禁哈哈大笑，喷饭满案。一个清贫、淡泊、洒脱的艺术家形象，宛然在我们面前。

后人将以他为首的一批画竹的画家称为"文湖州竹派"。其中包括他的女儿文氏、文氏的儿子张昌嗣，也包括他的好友大文豪苏轼。

山谷墨迹蜀川多

　　走进四川宜宾市江北公园内，一眼就看到巨石嵯峨，拔地而起，裂石中开，形成一道天然峡谷，谷底有小溪涌出，流过精致的九曲形小池——流杯池，然后没入石缝。夹谷石壁上题有"南极老人无量寿佛"八个大字，最为突出。附近，还有"涪翁楼"、"涪翁亭"、"涪翁岭"等盛迹。这一切都跟"涪翁"有关。四川境内，除宜宾之外，在射洪金华山、青神中岩、泸州滴乳岩、涪陵点易洞、万县西山等地方，都有署名"涪翁"的石刻题辞。这"涪翁"就是北宋诗人、大书法家黄庭坚。

　　黄庭坚（1045～1105 年），字鲁直，号山谷道人，洪州分宁（今江西修水）人。他的父亲黄庶，作诗就学李白、杜甫、韩愈，他的舅父李常、岳父孙觉都是东坡的朋友。

他二十三岁中进士，后来深受东坡赏识。在苏东坡、司马光等人的荐举下，他做过神宗实录院检讨官、著作佐郎、集贤校理，直至升为中书舍人。在政治上是反新法派。到了绍圣元年（1094年）哲宗亲政，旧派受打击。新法派抓住他在修《神宗实录》中一些诋毁新法的话，将他贬为涪州别驾，黔州安置。涪州，今四川涪陵；黔州，今四川彭水。这样，他就到四川来了，并因此而取别号为"涪翁"。

他先乘船由汉水到江陵，西上三峡，然后上岸由陆路到黔州。沿途备尝山川险阻，他有《竹枝词》二首记途中感受，其一云：

撑岩拄谷蝮蛇愁，入箐攀天猿掉头。鬼门关外莫言远，五十三驿是皇州。

到黔州后，他居住开元寺内摩围阁，写了很多表现当地风光和谪居心情的诗。到绍圣四年（1097年）因他表兄张向来夔州路做官，为"避亲嫌"，诏令他移戎州（今四川宜宾）安置。于是他三月从彭水起程，沿长江上行，于六月到达宜宾。开始住在南寺，称其居处为"槁木寮"、"死灰庵"，后来租城南居儿村侧民房，非常破旧荒落。因为他文名很大，当地地方官如前任知州彭道微、后任知州刘广之对他都很礼遇，当地很多青年人也来向他学习。他这时又以佛老思想作为对付贬谪的精神支柱，所以较能随遇而安。他自己说是"风日晴软，策杖蹇蹶，雍容林丘之下、清江白石之间"。流杯池就是在这种情况下构建的，仿效王羲之兰亭雅集"曲水流觞"故事而设计。池成九曲，旁设座位，围坐其上，流杯饮酒。当时，文与可的内侄、画家黄斌老、眉山人史应之、梓州人李任道、临邛人文少激都是他的诗友、酒伴。

元符三年（1100 年）五月，戎州知州刘广之率宾僚宴于锁江亭。这锁江亭建在锁江石上。锁江石在今天宜宾市岷江北岸，距城约一公里处。峭壁临江，与对岸的真武山石壁相对。过去战争中为防范敌船，曾于此横江牵铁链以锁江，故名锁江石。宋代建亭其上为游赏之地。在那次宴会上，黄庭坚写了《次韵李仁道晓饮锁江亭》七律一首，以后又再次韵三首。其中写万里长江是：

> 西来雪浪如煮烹，两涯一苇乃可横。

写锁江亭景色是：

> 锁江亭上一樽酒，山自白云江自横。山绕楼台钟
> 鼓晚，江触石矶砧杵鸣。

后来，宜宾八景之一的"翠屏晚钟"就是从黄庭坚这后两句诗而来的。在锁江石上，还刻有黄庭坚当年手书"锁江"

两个大字，每字一公尺五见方，刚劲挺拔，笔势雄健，左边署"山谷"二字，历时约九百年，于今仍清晰可见。后代为纪念黄庭坚的锁江之游及其题字，曾在锁江石上建筑"吊黄楼"。

锁江石一带，当年还盛产荔枝。黄庭坚参加州县官员赏锁江荔枝的活动，写了《次韵任道食荔枝有感三首》。其第二首云：

> 今年荔枝熟南风，莫愁留滞太史公。五月照江鸭头绿，六月连山柘枝红。

柘枝头是当时戎州荔枝最好品种。黄庭坚与友人信中说："今年戎州荔枝盛登，一种柘枝头，出于遏腊平，大如鸡卵，味极美。"因他已来蜀六年，所以在诗中还说："白发永无怀橘日，六年惆怅荔枝红。"后人因为这诗，又在流杯池附近建立"荔红亭"，以表纪念。

黄庭坚本来就极尊崇杜诗。谪蜀以来，想把杜甫在东西川及夔州的诗（也就是在四川写的诗）刻印传播，可是没有遇到愿意资助的人。到戎州后，有眉州丹棱杨素翁来访，听到这个计划，欣然赞同。杨素翁愿出资购买坚石，聘请善工，把杜甫这些诗全部刻石，并且作堂置于其中。黄庭坚把这些诗全部手写一遍交与他。同时写了《刻杜子美巴蜀诗序》《大雅堂记》二文说明这事。由于此举对传播杜诗、发展蜀地文化具有很大意义，所以在文学史上传为佳话。

元符三年正月宋徽宗即位，五月，黄庭坚得到诏令复职宣德郎，监鄂州酒税。恰值长江涨水，未能出峡。直到元符三年十二月由戎州出发，东下江安。江安县令石信道（眉州人，家住江津）以其女嫁黄庭坚之子黄相，就在十二月成亲，所以黄庭坚留在江安过年。在泸州中坝，有黄庭坚石刻留题：

> 江南黄某自僰道蒙恩放还，元符三年十二月道出江安。江安宰石谅信道，以亲亲见留作岁。建中靖国元年正月丙寅，置酒中坝葛氏之竹林。

此外，黄庭坚还为泸州忠山下的甘泉书名"滴乳岩"。后来清人黄云鹄于此建石室寺（后名云谷洞），立碑刻黄庭坚像以为纪念。

建中靖国元年（1101 年）正月，黄庭坚由江安解舟，来到万州（今万县）。知州高仲本，约游岑公洞和西山。黄庭坚写了《西山记》，谓"夔州一道，东望巫峡，西尽郁鄠，林泉之胜，莫与南浦争长者也"。后来，此记被刻石，就是今天保存完好的"西山碑"。全文二十一行，一百七十三字，每字直径十二厘米，笔势刚毅，结构和谐，倾侧适宜，撇竖自如，是黄氏书法之名作。

离开万县后，黄庭坚曾在巫山县小住，于初夏到达江陵。至此，他在蜀川六年多的旅寓生活结束了。由于政局的变动，他曾一度知太平州（今安徽当涂），可是九天即被罢职，改为管勾洪州玉隆观。不久，又被人诬以文字祸，被编管宜州（今广西宜山），楼身戍楼，于贫病交困中死于贬所。

对于这位长期旅居四川、推动历史上四川文化发展的诗人、书法家，四川人民永远怀念着他。宋人周必大曾说他"词章翰墨，日益超妙"，是"巫峡峻峰激流之势有以助之也"。今天，在成都杜甫草堂的工部祠中，将他和陆游一起配飨杜甫，被称为"异代升堂宋两贤"，这正表明了蜀人对他的评价与崇敬。

陆游入蜀不欲归

古代文人诗文集命名，差不多都由郡望、里居、官称、别号而来，如"昌黎"、"曲江"、"司马"、"东坡"等。可是南宋杰出的诗人陆游的文集取名《渭南文集》，诗集取名《剑南诗稿》，却不属于上述四种情况，而是为了纪念他在渭南和剑南的难忘的岁月。也就是纪念他在宋代的四川地区度过的岁月。

陆游（1125～1210 年），字务观，号放翁，越州山阴（今浙江绍兴）人。他早年因主张抗金，参加科举考试时受到臭名昭著的大奸臣秦桧压抑。后来曾任职镇江府通判、隆兴府通判，又被加以"力说张浚用兵"的罪名免职。闲居四年后，才于乾道五年（1169 年）起为夔州通判。他于乾道六年闰五月由山阴出发来川。以后曾官于南郑（汉

中）、成都、蜀州（崇州）、嘉州（乐山）、荣州（荣县）、
叙州（宜宾，未到任）等地。直到淳熙五年（1178年）二
月才离成都返杭州。在蜀中度过了整整八年，这段时间是
他创作最辉煌的时期。沿江入蜀，南郑从军，成都寓游，
蜀西做吏，使他经历了前所未有的生活，开阔了心胸，自
称得"诗家三昧"，因而诗歌创作达到了一个新的境界。不
仅众多名作成于此时，巴山蜀水的俏丽奇崛亦在他笔下得
以充分展露。

他于乾道六年溯江来川。在路上所写旅游日记，就是
鼎鼎大名的《入蜀记》，其第六卷专记三峡风光。十月八日
驶船入峡。只见两岸千峰万嶂：有的如争相起立，有的独
立挺拔，有的崩塌下压，有的高危欲坠，有的横裂，有的
直破，有的凸出，有的凹入，奇奇怪怪，不可名状。虽是
初冬，草木青苍不凋，而向西一望，重重叠叠的山峰如城
阙高耸，江出其间。过了下牢关，他去游了"三游洞"，观
看了欧阳修、黄山谷的留题。十月九日，船过扇子峡，他
登游了"虾蟆碚"：

> 虾蟆在山麓，临江，头鼻吻颔绝类，而背脊庞处
> 尤逼真，造物之巧有如此者。自背上深入，得一洞穴，
> 石色绿润。泉泠泠有声，自洞出，垂虾蟆口鼻间，成

水簾入江。是日极寒，岩岭有积雪，而洞中温然如春。

十二日，一早经过"马肝峡"（即今日之"牛肝马肺峡"），他记道："石壁高绝处，有石下垂如肝，故以名峡。"十五日，他到了香溪，游了"玉虚洞"，洞门才一丈，但进去可坐数百人，其中石头的形状像幢盖、像旗幡、像芒草、竹笋、仙人、龙、虎、鸟、兽，千状万态，莫不逼真。东边有石正圆如日，西边有石半规如月，尤为使他惊异，竟发出了"平生所见岩窦无能及者"的感叹。二十三日，他到了巫山下的"妙用真人祠"，即巫山神女庙，观看纤丽奇峭的神女峰。当时，"天宇晴霁，四顾无纤翳，惟神女峰上有白云数片，如鸾鹤翔舞徘徊，久久不散"。他还记录了"神乌"。不过他说乾道六年（1165年）以前都有"神乌"数百，送迎客舟。现在突然绝无一乌，不知其故。可是十一年以后，范成大于淳熙四年（1177年）过此时，又有了这"迎船鸦"。他俩记录的这一现象，该怎么解释，当然是生物学家们研究的课题了。二十六日，他过了瞿塘峡，记录了奇特的"圣姥泉"：

> 过圣姥泉，盖石上一罅。人大呼于旁则泉出，屡呼则屡出，可怪也。

今天的自然科学早已能解释它了：是由于空气的震动使泉

水流出。二十七日，他到达了夔州（今奉节）。

胸怀抗金抱负的陆游，在夔州小郡，无所施展。公余之暇，以读杜诗、访杜迹为事。乾道七年，他为杜甫故居写了《东屯高斋记》，又在"浪翻孤月"的夜晚，登上白帝城楼，感怀少陵先生，发出"此意凄凉谁共语，夜阑鸥鹭起沙边"的感叹。他还为巫山县黄山谷留题处，写了一篇《对云堂记》。

乾道八年，夔州任满，四川宣抚使王炎辟他为幕僚，担任宣抚使司"干办公事"。春天，他由奉节出发，经过万县、梁山、岳池、南充、广元、宁羌，直至南郑（今汉中）。他在路途中的感受是：

山横水掩路欲断，崔嵬可陟流可乱。春风桃李方漫漫，飞栈凌空又奇观。但令身健能强饭，万里只作游山看。（《饭三折铺，铺在乱山中》）

王炎在南郑准备收复长安，陆游积极参加这工作。在半年时间内，他由南郑不断去前线。西边到过仙人原、两当县；北边到过黄花驿、金牛驿。附近的西县、定军山，更是常去。他还参加了大散关的遭遇战。可是，由于朝中局势的变动，王炎调回临安，"收复"计划受阻，陆游也被调为成都府路安抚司参议官。他带着幻想破灭的痛苦，进入了剑门关：

> 衣上征尘杂酒痕，远游无处不销魂。此身合是诗
> 人未，细雨骑驴入剑门。

乾道八年（1172 年）底，他来到了成都。此后的五六年中，他除了短期到蜀州、嘉州、荣州任地方官外，大部分时间寓居成都，因而饱览了锦里风光。

汉昭烈惠陵（即今武侯祠内刘备墓），他常常去瞻仰。他家藏有一幅画此庙的古柏图，他在跋语中说："此图吾家旧藏。予居成都七年，屡至汉昭烈惠陵，此柏在陵旁庙中，忠武侯室之南，所谓'先主武侯同閟宫者'，与此略无小异。"少陵草堂更是他常去之地。当时成都每年四月十九日，叫作"浣花遨头"。府吏在杜甫草堂沧浪亭开宴会。倾城皆出，锦绣夹道。陆游在成都，当然年年参加。陆游对杜甫极崇敬，凡有杜甫遗迹处，差不多都有他的诗。他常去成都草堂拜谒少陵遗像。有诗云：

> 清江抱古村，杜子昔所馆。虚堂尘不扫，小径门
> 可款。公诗岂纸上，遗句处处满。……至今壁间像，
> 朱绶意萧散。长安貂蝉多，死去谁复算。

两位大诗人心灵上相连之处，于此不难看到。现在成都杜甫草堂"陪飨"的两人，一个是黄山谷，另一个就是陆游。

这充分说明四川人民对他的敬重。

青羊宫是传说中老子命尹喜寻他的"青羊之肆",或说为老子骑青羊下降之处。唐宋时,庙宇庄严,古柏参天,花竹茂密。陆游后来回忆他当时之游:

> 当年走马锦城西,曾为梅花醉似泥。二十里中香
> 不断,青羊宫到浣花溪。

成都东城的大慈寺,建于唐肃宗至德年间。寺内有九十六院,壁画极好,俱出于名家手笔。宋时为闹市区,庙门外常有蚕市、扇市、药市、七宝市等节令性贸易会。陆游曾记其华严阁上之灯景:

> 万瓦如鳞百尺梯,遥看突兀与云齐。宝帘风定灯
> 相射,绮陌尘香马不嘶。

那时的成都还是一个花城。陆游在成都观赏最多、咏唱最多的是成都的梅花和海棠。"锦城浩如海,我亦无与期。有花即入门,莫问主人谁。"几乎哪里有花开,哪里就有他。浣花溪、青羊宫、万里桥,都是梅花盛处。当时前蜀王建时的梅苑还在,离成都十五里,梅花很多,皆是二百余年古木。有两棵树夭矫如龙,被称为"梅龙"。陆游曾专门为之作诗:

> 蜀王小苑旧池台,江北江南万树梅。

在宋代，成都海棠最多。十万户人家，有十万株海棠。每到开花时，陆游骑马遍游诸家花园，走南陌，闯东阡，被人称为"海棠颠"。他有诗写道：

> 翩翩马上帽檐斜，尽日寻春不到家。偏爱张园好风景，半天高柳卧溪花。

这里说的张园，本是故蜀的燕王宫，海棠最盛，为一城之冠。南宋时已成为张氏的园林了。他在《柳梢青》词中写成都人到张园赏海棠的盛况是：

> 锦里繁华，环宫故邸，叠萼奇花。俊客妖姬，争飞金勒，齐驻香车。

成都的其他名胜古迹，诸如王建墓、学射山（今城北磨盘山）、摩诃池、文翁石室（今成都石室中学）、武担山等地方，无不留下他的身影和歌唱。范成大重建李德裕当年修建的筹边楼，陆游还为之作记。

陆游曾到汉嘉（今乐山市）做官。他游凌云山后有《凌云醉归作》；他派人在江面造浮桥，以便行人，有《十月一日浮桥成以故事宴客凌云》等诗，可见他常常去游凌云山。陆游又曾在荣州（今荣县）为官七十天。曾两游荣州东南四里真如院的龙洞，其岩穴峭深，左边石壁奇耸，巨柏老苍，传说孙登的啸台就在那里。当地还有人日游龙洞的风俗。荣州有横溪阁，跨于双溪之上：一水西来，其水浊；一水东来，其水清。二水合流城下，阁凭临其上。陆游游其上，有诗词记其事。他在《别荣州》中说：

> 啸台载酒云生屦，仙穴寻梅雨垫巾。便恐清游从此少，锦城车马涨红尘。

陆游曾经两次在蜀州（今崇州）做官，那里有"西湖"，本皂江水导入城中而成，极广大。荷花特盛，岸边修竹古木，甚有野趣。他有《苏武慢》词写其风光：

> 澹霭空濛，轻阴清润，绮陌细尘初静。平桥系马，画阁移舟，湖水倒空如镜。掠岸飞花，傍澹新燕，都似学人无定。……

淳熙五年（1178年），在蜀地前后住了九个年头的陆游，被诏还临安了。在以后的宦海浮沉中，他再没有机会来游巴蜀了。可是，他心中总是热烈地怀念着成都之游。请读读他晚年之作《海棠歌》吧：

> 我初入蜀鬓未霜，南充樊亭看海棠。当时已谓目未睹，岂知更有碧鸡坊。碧鸡海棠天下绝，枝枝似染猩红血。蜀姬艳妆肯让人？花前顿觉无颜色，扁舟东下八千里，桃李真成仆奴尔。若使海棠根可移，扬州芍药应羞死。风雨春残杜鹃哭，夜夜寒衾梦还蜀。何

从乞得不死方，更看千年未为足。

他甚至想活一千年且一千年都在成都看海棠。这是诗人的夸饰之词。但是，旁人由他的《剑南诗稿》的跋语，评他在蜀中是"乐其风土，有终焉之志"，这应当是"旁观者清"的结论。正因为如此，他将自己的作品名为《渭南文集》《剑南诗稿》，当然不是偶然的了。

诗人热爱四川，四川人民也热爱诗人。诗人当年在蜀州即今崇州居住的罨画池，一直被后人保护着，至今花木扶疏，亭台有致。其侧还有陆游祠，奉祀诗人。罨画池和陆游祠是全国唯一的陆游纪念地。诗人若能有知，亦当含笑于九泉了。

"杂学士"李焘和他的儿子们

《续资治通鉴长编》，是人们熟知的我国历史上继司马光《资治通鉴》后，又一部价值很高的史学名著。它是南宋时的四川大史学家李焘花了四十年功夫才完成的。提起李焘，一般人都只知道他的史学才华，其实他是一位多面手。由于他通经学、史学、天文、历法、兵志，又擅长诗文，所以当时就有"杂学士"的称誉。

李焘（1115～1184年），字仁甫，眉山丹棱（今四川丹棱县）人。他二十三岁中进士后，长期在蜀中做地方官，曾任成都府华阳主簿、雅州推官、双流知县、荣州知州，等等。晚年官至兵部员外郎，累迁礼部侍郎，后以敷文阁学士致仕。

他在成都游宦时，曾到扬雄墨池故迹游览，有《从何使君父子游墨池分韵得名字》一诗记其事，中有句云：

> 揭来成都市，尘土污冠缨。古人不可见，见此眼自明。请为怀古诗，玉振而金声。

这个墨池故迹，在今成都市十三中学内。与此同时，他还有《成都学舍遣兴》：

> 久客堕尘土，幽居怀翠微，只余清夜梦，长作故山归。菊已开三径，松应长十围。晨钟忽惊觉，犹有露沾衣。

这两首诗中"尘土"二字，都暗指他在成都做低级官吏——华阳县主簿。他怀念中的"翠微"、"故山"，指丹棱老家。那里有个风景优美的雁湖。他在《雁湖梅》一诗中，描绘了家乡雁湖的景色：

> 镜面千倾阔，修眉一带横。湖深有龙蛰，山静少人行。似与长仙约，都忘世俗情。鸟啼猿叫歇，轩乐有余清。

湖面广阔，波平如镜。南面是高高的峨眉山，修长如带，黛色横空。湖深山静，鸟啼猿鸣，有似太古的乐曲。寥寥几笔，湖光山色浓郁地呈现出来。有如此诗才，真不愧"杂学士"的称誉。

李焘有七个儿子，除大儿子李谦早死外，其余李垕、李至、李塾、李坒、李壁、李壑都很有文才。

李壁（1159～1222年），字季章，号雁湖，绍兴元年进士。后来曾做到参知政事、兼知枢密院事。史传他"学如饥渴"，文章"综练"。他曾经为王安石的诗文集作注。开禧二年（1206年）后，归老家居，住在眉州丹棱县老家雁湖旁。这时，恰好魏了翁来做眉州知州，他们游玩唱和的诗作颇多。眉州人在新年正月初七（人日），要郊游东门外蟆颐山，叫作"踏青"。李壁应魏了翁之请，一同游赏，有《朝中措》一词写其情景：

> 东风歌吹发重闉，飞旐入山新。小雨不妨酥润，江头一并霜晴。　年年心似，输他钗燕，蟠带迎春。怎得樽前避酒，使君精鉴如神。

眉州荔枝红时，魏了翁曾请李壁去观赏那株有名的"双荔枝"。魏了翁疏浚了眉州西边的环湖，荷花开放时，也曾约请李壁同游。李壁在雁湖边修葺了朝阳阁、西园。当春天园中海棠花开放时，魏了翁曾载酒往游。李壁有《小重山》词记其事：

> 燕雀风轻二月天，一枝何处是家园。有花不惜是谁怜。生嫌怕，不为老人妍。　眉黛推连娟，高情时载酒，雁湖边。略无雕饰自天然。新诗好，品第入

朱绂。

因为李氏父子俱有文才，其家丹棱又邻近眉山，所以当时人把李焘、李壁、李𡺸三父子比之于眉山"三苏"。

王灼记成都歌曲

古代传说，益州有金马碧鸡之宝，可以通过祭祀得到它们。汉宣帝派遣过王褒去奉祀。王褒病死途中，并未见到这如马之金和似鸡之碧。不过后来，在成都就一直有祭祀金马碧鸡的神祠。因碧鸡神祠而得名的成都碧鸡坊，还成了成都城西部的闹市区了。杜甫诗云："时出碧鸡坊，西郊向草堂，市桥官柳细，江路野梅香。"可见碧鸡坊在成都城西部，且是出西门当先经过之处。陆游诗云："碧鸡海棠天下绝，枝枝似染猩猩血。""走马碧鸡坊里去，市人唤作海棠颠。"由此可知，在宋代，碧鸡坊是繁华艳游的处所。南宋作家王灼写有一部论歌曲的名作，因为住在碧鸡坊所写，故取名《碧鸡漫志》。由于此书在文学史研究中的资料价值很高，又使"碧鸡坊"这个历史名区，更为人们所注目了。

王灼,字晦叔,号颐堂,又号小溪。生活在南宋初年,遂宁人。曾短期做过幕僚,后辞归。绍兴十五年(1145年),他寓居成都碧鸡坊妙胜院,与王和先、张齐望两家相邻。这两人家中,都有声伎,常开宴会,听歌赏舞,王灼是常往来于这两家的座上客。他曾有诗记述这种生活:

> 王家二琼芙蕖妖,张家阿倩海棠魄。露香亭前占秋光,红云岛边弄春色。满城钱痴买娉婷,风卷画楼丝竹声。谁似两家喜看客,新翻歌舞劝飞觥。君不见,东州钝汉发半缟,日日醉踏碧鸡三井道。

王灼每次参加这类宴会回去后,就把当天所见到的歌舞以及与之有关的见闻记录下来,并考察它们的发展,追忆自己平时有过的议论。到了绍兴十九年(1149年),他将稿子加以整理,订为五卷,名之为《碧鸡漫志》。

从这书的写作经过看,有一个特点,就是书中所提到的歌曲,都是他住成都时期,在各类场合下听到的。也就是说,《碧鸡漫志》在一定程度上,可以看作当时在成都时常演唱的歌曲论集。又从书的内容(论歌、评词、考证乐曲)看,王灼不愧是当日成都乐坛上颇有名气的评论家、研究家。

碧鸡坊不只歌舞盛,亭池花木亦极繁茂。王灼在《露香亭》一诗中，就写了王和先家的花园亭池之盛大：

> 北渚一帝子，洛川一宓妃。池有千种莲，平生所
> 见稀。纤秾多态度，红白争光辉。我来亭上饮，夜久
> 未忍归。翁家采香人，但爱香满衣。岂知清露湿，团
> 荷泻珠玑。

这里的"帝子"、"宓妃"，不是泛用，写的就是"王家二琼
芙蕖妖"，是王和先家中两个名字带"琼"字的歌舞姑娘，
作者用"荷花精"来赞扬他们。由"千种莲"可以想见王
家荷花池有多大。纤秾多态、红白争辉，既是写莲，又暗
写两位"荷花精"的风度。联系陆游的类似诗篇，宋代成
都碧鸡坊的富丽繁华，真是够人想象的了。

王灼在四川还有一件大事，就是写成了全世界第一部
种蔗制糖的专著《糖霜谱》。

我国先秦时就已种甘蔗，唐代普遍用机械榨蔗熬制沙
糖。到了宋代，四川遂宁成为全国蔗糖生产的主要中心之
一。王灼根据自己的长期观察总结，大约在 1130 年，写成
《糖霜谱》一书。其中分《糖霜原委》《蔗古记》《种蔗之
法》《造糖之器》《结霜之法》《糖霜性味》等，详细而系统
地记载了种蔗与制糖的全套技术，在科学技术史上具有十
分重要的价值。

范成大绘蜀江彩卷

在成都市锦江宾馆西边，一座大桥横跨锦水，它就是历史上鼎鼎有名的"万里桥"。三国时，诸葛亮送费祎出使东吴，饯行于此，说："万里之行，始于此桥。"万里桥遂由此得名。杜甫诗说"门泊东吴万里船"。自古以来，下江船入蜀来成都，均泊于这一带；由成都启程东下，亦由此始。宋代范成大著名的四川游记《吴船录》，即取此义。

范成大（1126～1193 年），字致能，号石湖居士，吴郡（今江苏苏州）人。是南宋中兴四大诗人之一。淳熙元年（1174 年），他任敷文阁待制，知成都府、四川置制使。淳熙四年（1177 年），任满回朝。他由成都上船，沿岷江南下，入万里长江。沿途游山观景，探奇访胜，以清新绚丽的文字写下了两卷旅游日记，因他是吴人，故用杜诗"门

泊东吴万里船"句意，名为《吴船录》。其中，特详于蜀地
风光，完全可以当作四川导游来读。前人评他"笔端雷轰
电掣"，"蜀中名胜不遇石湖，鬼斧神工，亦虚施其伎巧
耳"，并非溢美之言。八百年前天府之国佳山胜水的千姿百
态，在他笔下永远鲜明、活泼。

淳熙四年五月二十九日，范成大一家在合江亭上船。
合江亭，在今成都九眼桥附近，宋时周围遍是梅花，是东
下行舟，离别饯宴之所。从这里南行，那景象"绿野平林，
烟水清远，极似江南"。范成大把家属送到彭山县停泊，然
后回成都，去向青城山告别，沿途是：

> 流渠汤汤，声震四野，新秧勃然郁茂。……郫邑
> 屋极盛，家家有流水修竹。……县圃大竹万千，流水
> 贯之，浓翠欲滴。

他把古代的郫县写得这么令人神往！由郫县到永康军（今
四川灌县），那景象又自不同：

> 一路江水分流，入诸渠皆雷轰雪卷，美田弥望。

这就是古人说的"岷山之下沃野"。到灌县后，他游览了玉
垒关、浮云亭、怀古亭、伏龙观、崇德庙（即今之二王
庙）。在到青城的路上，对古绳桥（即今之安澜桥，俗称索
桥）作了生动的描绘：

每桥长百二十丈，分为五架。桥之广，十二绳排连之，上布竹笆。攒立大木数十于江沙中，輂石固其根，每数十木作一架，挂桥于半空。大风过之，掀举幡然，大略如渔人晒网、染家晾缍帛之状。又须舍舆疾步，从容则震掉不可立。

到山脚，他住在丈人观，相传是五岳丈人修道处。先前，他曾向朝廷请求，升"观"为"宫"，以示尊崇。这天，敕书到达，赐名为"会庆建福宫"。这就是现在"建福宫"的来由。第二天，范成大到达上清宫。"下视丈人峰，直堵墙耳。岷山数百峰，悉在栏槛下，如翠浪起伏，势皆东倾。"又看到"雪山三峰，烂银琢玉，闯出大面山后"。他不禁发出了"上清之游，真天下伟观哉"的赞叹。当晚他住在上清宫，还看到了"圣灯"："夜有灯出四山以千百数，谓之'圣灯'。"这其实是自然界的磷氧化发光，古人则把它与仙圣灵化联系起来。下青城后，他途经蜀州（今四川崇州）、新津到彭山，与家属船会聚，沿岷江直到眉州。那时的眉山县"川原平远似江浙间。城中荷花特盛，处处有池塘。他郡种荷者皆买种于眉，通城悉是石街，最为雅洁"。他还尝了眉山"绿叶红实灿然"的大荔枝。然后，舟行六十里，游了当时"西川林泉最佳处"的中岩。沿江南下，到达嘉州（今乐山）。首先去登凌云、观大佛，他记录道：

> 唐开元中，浮屠海通始凿山为弥勒佛像以镇之。
> 高三百六十尺，顶围十丈，目广二丈，为楼十三层，
> 自头面以及其足，极天下佛像之大。两耳犹以木为之。
> 佛足去江数步，惊涛怒号，汹涌过前，不可安立正视，
> 今谓之佛头滩。佛阁正面三峨，余三面皆佳山，众江
> 错流诸山间，登临之胜，自西州来始见此耳。

他还登上州城旁高丘上的万景楼。纵目一望，只见远山缥缈明灭，烟云无际，右边是三峨，左边是九顶（即凌云山），山山水水，错杂纷呈，而九顶旁乌尤小峰为江水环绕，如巧画之图。所以，他把这万景楼题为"西南第一楼"。

范成大把家属留在嘉州，自己又去峨眉，向峨眉告别。此段行程，遂成为《吴船录》中最精彩的部分。且看他写山脚一处的环境：

> 过樟木，牛心二岭，及牛心院路口，至双溪桥。
> 乱山如屏簇，有两山相对，各有一溪出焉。并流至桥
> 下，石堑深数十丈，窈然沈碧，飞湍喷雪。奔出桥外，
> 则入岑蔚，中可数十步，两溪合为一以投大壑，渊渟
> 湛澈，散为溪滩。滩中悉是五色及白质青章石子，水
> 色曲尘，与石色相得，如铺翠锦，非摹写可具。

到过峨眉的读者不难看出，这就是今天清音阁前牛心亭一带的景色。范成大由这里，到达白水普贤寺（明人改为万年寺），拜谒普贤大士铜像。之后还游览了三千铁佛殿。由白水寺上山到金顶，当时没有今天的石级道路，范成大是这样上去的：

> 自此至峰顶光相寺七宝岩，其高六十里，大略去县中平地不下百里，又无复蹊磴。斫木作长梯钉岩壁，缘之而上。意天下登山险峻无此比者。余以健卒挟山桥强登，以山丁三十夫曳大绳行前挽之。

他这样游峨眉上金顶的办法，今天再也看不到了。可是他所记录的金顶景物和观看佛光倒是后人有幸能重见的。登上金顶眺望，岩后是岷山万重；稍北，是在雅州的瓦屋山；偏南，是云南方向的大瓦屋山，形状就像一间瓦屋。这些山的后面，就是西边雪山，只见崔嵬刻削、陡峭高耸，挺立数十百峰。在初升的太阳照射下，雪色洞明，就像灿烂的白银在晃耀。至于世界奇观的峨眉佛光，请看它在范成大笔下的再现：

> 氛雾四起，混然一白。僧云："银色世界也。"有顷，大雨倾注，氛雾辟易。僧云："洗岩雨也，佛将大现。"兜罗绵云复布岩下，纷郁而上，将至岩数丈，辄止，云平如玉地。时雨点有余飞。俯视岩腹，有大圆

光，偃卧平云之上，外晕三重，每重有青、黄、红、绿之色。光之正中，虚明凝湛，观者各自见其形现于虚明之处，毫厘无隐，一如对镜，举手动足，影皆随形，而不见旁人。僧云："摄身光也。"此光既没，前山风起云驰。风云之间，复出大圆相光，横亘数山，尽诸异色，合集成彩，峰峦草木，皆鲜妍绚蒨，不可正视。云雾既散，而此光独明，人谓之"清现"。

这一段记述，真不愧是旅游文字的精品。

下山之后，他又冒雨游了龙门峡。这里，涧溪从两山石门中涌出。小船进去，只见两岸千丈岩壁，色如碧玉，刻削而光润。再往前，有瀑布从两山岩顶相对飞下，击在盘石上，散为飞雨，跳珠满峡，船经其下，人衣透湿。半山岩有"龙洞"，下看峡水绀碧无底，石寒水清，简直不像人间世界了。范成大说："天下峡泉之胜，当以龙门为第一。要之游者自知，未之游者必以余言为过。"是的，对于峨眉胜境来说，人们的描绘只能传达出一个大概而已，至于那真正的江山神韵，没有亲自去过，是无法体味的。

由峨眉返嘉州，他又发船沿江而下，到达叙州（今宜宾）。当年黄山谷谪居这里，留下墨迹甚多。范成大当天下午登上有名的锁江亭，用山谷原韵题诗一首：

水口故城丘垅平，新亭乃有绲铁横。归艎击汰若
飞渡、一雨彻明秋涨生。东楼锁江两重客，笔墨当代
俱诗鸣。我来但醉春碧酒，星桥脉脉向三更。

这个地方产的酒，原名"重碧"，取杜甫过此作诗"重碧拈
春酒，轻红擘荔枝"之意。范成大以为"重"字不宜名酒，
劝他们改为"春碧"。

从叙州出发，他途经泸州、恭州（重庆）、涪州（涪
陵）、忠州（忠县）、万州（万县），直到夔州（奉节）。沿
途胜处，无不停泊往游，记其佳美，此后下瞿塘、过滟滪
一段，尤为惊心动魄：

至瞿塘口，水平如席，独滟滪之顶，犹涡纹溅瀑，
舟拂其上以过，摇橹者汗手死心，皆面无人色。盖天
下至险之地，行路极危之时，旁观皆神惊。余己在舟
中，一切付自然，不暇问，据胡床坐招头处，任其荡
兀。每一舟入峡数里，后舟方敢续发，水势怒急，恐
猝相遇不可解拆也。

到巫山后，他细观巫山十二峰，游神女庙，觉得从前
所传画图全不准确。于是，派其部下可为画者，坐小船泛
中流摹写，才得到写实的画卷。他还记载了神女庙神鸦送
客的故事：

> 庙有驯鸦，客舟将来，则迓于数里之外，或直至
> 县下，船过亦送数里。人以饼饵掷空，鸦仰啄承取，
> 不失一。土人谓之神鸦。

这种驯鸦之趣，并不下于峨眉之猴。可惜，今天的游客已
无此眼福了。

到归州（湖北秭归）后，他凭吊了崇祀屈原的清烈公祠、
宋玉宅、昭君台、明妃庙，观赏了香溪。出三峡后，到了彝陵
（宜昌）。"时至将离倍有情"，他写了几句总结性的话：

> 蜀都至汉嘉，则江之两岸皆山矣。入夔州则山忽
> 陡高，无不摩云者。自嘉以来，东西三千里，南北绵
> 亘，以入蕃夷之界，又莫知几千里，不知其几千万峰
> 之多且高大如此。然自出夷陵，至是回首西望，则杳
> 然不复一点，惟苍烟落日，云平无际，有登高怀远之
> 叹而已。

他的《吴船录》，作为旅游日记，自然一直写到经江陵、鄂
州（武昌）、黄州（黄冈）、江州（九江）、建康（南京）、
镇江、常州，直到家门。然而，久久萦绕于作者胸次而不
能忘情的，是蜀地山水，后人盛称《吴船录》行文有风雷
生色之妙的，也是指其记蜀地山水的篇章。

魏了翁的歌唱

远钟入枕报新晴，衾铁衣棱梦不成。起傍梅花读
《周易》，一窗明月四檐声。

提起古代的理学家，或以为都是宽袍大袖、终日板着
脸正襟危坐的木乃伊式的人物。其实不然，上面引这首诗，
就是南宋著名理学家魏了翁写的，题为《十二月九日雪融
夜起达旦》。高情远韵，冰清玉洁，在当时就已广为传诵。

魏了翁（1178～1237年），字华父，邛州蒲江（今四川
蒲江）人。二十二岁中进士后，进入仕途。后历知汉州、
眉州、泸州，在蜀中为官共十七年。嘉定十五年（1222年）
入朝后，因反对权相史弥远，又出任地方官。史弥远死，
再入朝为官，最后官至签书枢密院事、资政殿大学士，死
后谥"文靖"。

魏了翁先是尊信朱熹学说。后来通过寻研六经，有得于"心"，尊信"心学"。在文学上虽然仍是主张重道轻文，但认为"诗以咏情性为主，不以声韵为工"；又说"古之为文，皆以德盛仁熟流于既溢之余，故虽肆笔脱口而动中音节"。这种观点从创作上来看，有其合理的内核，所以他自己的诗、词，还是很可观的。如早年居蜀去永康军（今灌县），知军虞刚简筑"美功堂"于城南，他即席作《水调歌头》：

> 江水自石纽，灌口怒腾辉。便如黑水北出，迤逦
> 到三危。百尺长虹天矫，两岸苍龙偃蹇，翠碧互因依。
> 古树百夫长，修竹万竿旗。

这样描写灌县风物，还是能抓住特点的。

开禧初，他因反对韩侂胄无准备的出兵，遭到排挤。后来韩兵败被杀，史弥远又专权，魏了翁便"力避召命"。解官后守父丧，筑室白鹤山下，授徒讲学。白鹤山在邛州（今邛崃）西南，蒲江县北。正由于此，他后来被称鹤山先生。他有《水龙吟》词，写登览白鹤山：

> 阑风长雨连霄，昨朝晴色随轩骤。松声花气，江
> 烟浦树，如相迎候。山送青来，僧随麦去，山为吾有。
> 更撺筇直上，薜萝深处，云垂幄，藓成甃。

来至相如独后，对山尊，劝酬多又。记曾犯雪，
重来已是，绿肥红瘦。如语时闻，忧端未歇，倚风搔
首。漫持觞自慰，冰山安在，此山如旧。

上片写景很细，使人有登上白鹤山之感。下片评说时事，
吐露作者耿直忠勤的心胸，气概豪壮，堪称好词。

他在知眉州任上时，曾把郡城西边已经淤塞的环湖疏
浚出来，种上荷花。眉州与属县丹棱紧密相连。丹棱是史
学家李焘的故乡。李焘之子如李壁、李垕等与魏了翁既是
乡邻又是同僚，所以过往颇密。眉州有"双荔堂"，荔枝红
时，魏了翁曾约请李氏兄弟来玩赏，有《临江仙》一首记
其事：

双荔堂前呼大撇，蚪枝看取垂垂。帝怜尘土若冰姿，
故教冻雨过，浴出万红衣。缘幄赪园高下处，中含玉色清
夷。浣人应笑太真肥，破除千古恨，须待谪仙诗。

这样的比喻，这样的想象，这样的情思，写荔枝固是绝妙，
只是这离他理学家的"岸然"，未免太远了。

嘉定十五年（1222年）他被召入朝，在路过嘉州时，
与友人往游凌云，写了两首《水调歌头》，雄丽潇洒，很为
人喜爱。第一首上片是：

千古峨眉月，照我别离杯。故人中岁聚散，脉脉

若为怀。醉帽三更风雨，别袂一帘山色，为放笑眉开。

握手道旧故，抵掌论人才。

第二首上片是：

舣棹汉嘉口，更尽渭城杯。凌云山色，似为行客
苦伤怀。横出半天烟雨，销定一川风景，未放客船开。

想见此楼上，阅尽蜀人才。

简直是有"苏辛"风度了。顺江而下，到了叙州（今宜
宾），他凭吊了黄庭坚在这里的遗迹。在一首《满江红》中
发出了"蔡章安在，千年黄笔"的赞叹，很有激情。到了
夔州，恰好早年做过知永康军（今都江堰）的虞刚简，这
时为提点刑狱，在这里新修建了一个"巴绿亭"，夔门江山
可尽收眼底。魏了翁为之写了一首《卜算子·次韵虞夔宪
刚简新作巴绿亭》：

江横山簇，柏箭森如束。满眼飞蓬撩乱，知几几，
未膏沫。　　快意忽破竹，一奁明翠玉。千古江山只
么，人都道，为君绿。

写出了峡江明静的一面，真像桂林山水般幽清。魏了翁的
词，前人认为他多为祝寿语，不可取。其实，他那些抒写
真情实感和描绘山川景物的作品，既非祝寿的陈词套语，
又无理学家的学究气，是很可取的。

多产作家杨升庵

    在全世界如林的文人学者中，著述在百种以上的，可谓凤毛麟角。巴尔扎克老人是决心突破百本大关的，可也才写成了九十多种。而明朝四川大才子杨升庵的各种著述竟达到四百种以上！散佚的不算，留存到今天的，也还在一百五十种以上，这不能不说是很罕见的了。

    杨升庵（1488～1559 年），名慎，字用修，升庵是其号。明代四川新都人。他父亲杨廷和官至首辅。升庵自幼聪颖而勤奋，十二岁就写出了"会心山水真如画，名手丹青画似真"这样的名句。二十岁参加四川乡试，考官目之为苏轼。二十四岁中状元，授翰林院修撰。

    正德十六年（1521 年）明武宗死，无子，明世宗（嘉靖皇帝）以藩王身份即位。他为了培植独裁统系，树立自己的绝对权威，要尊崇他的生父兴献王为皇帝，一时廷议纷纷，大批朝臣出来反对，这就是闹了几年的"议礼案"。表面上，这是封建礼教名分的争论，实际上是当时皇权与阁权、宦官与朝官，新进集团与旧臣之间的一场激烈的政治斗争。斗争的结果，以旧臣失败结束。杨升庵因反对嘉靖皇帝的做法，曾两次带头到宫门哭谏，因此被"廷杖"两次，打得死去活来，然后谪戍云南永昌卫（今云南保山市），时年三十七岁。以后的几十年中，他除了因公私事务获准几次短暂回川外，大部分时间都在云南度过，直到七十二岁殁于戍所。

杨升庵天才英发，兴趣广博，聪敏明达，精力过人。遭到打击后，郁闷激昂，故而更发奋于学术，编著了涉及社会生活各个领域的著作达四百多种，对中国文化的发展做出了巨大贡献。他非常热爱蜀中乡土。晚年以戴罪之身，还应四川巡抚刘大谟之聘，参与四川省志的纂修。有名的《全蜀艺文志》即由此而成，现在是我们研究四川文化史的宝贵资料。

新都桂湖是他的故居所在。清朝人在其中建立了"升庵殿"纪念他。现在湖面约三十多亩，全部种荷花；沿湖栽桂四千余株，莲苞绽红，桂蕊飘香，景色十分秀丽，离成都只有二十公里，是遐迩闻名的胜迹。这桂湖本是唐代的"南亭"风景区，明时才称"桂湖"。杨升庵青年时送客湖上，有《桂湖曲》写其景色：

> 君来桂湖上，湖水生清风；清风如君怀，洒然秋
> 期同。君去桂湖上，湖水映明月；明月如怀君，怅然
> 何时觌。湖风向客清，湖月照人明，别离俱有意，风
> 月重含情。……

骈整工巧，摇曳多姿，显出他青年时超群的才气。

他从十三岁守祖母丧随父由京师回蜀起，多次往返于北京—四川之间，常走剑门蜀道。他有《青桥》一诗描写了栈道北端的奇险：

> 阁道盘云栈，邮亭枕水涯。猿猱临客路，鸡犬隔
> 仙家。风起青丘树，春迷玉洞花。旅怀今日豁，停辔
> 向褒斜。

青桥驿在褒城北。这一带奇石插天，尖峰林立；夹江两岸，壁立千仞；下视飞湍，如箭激射，令人心目摇眩。从褒城到凤州界内一百五十里中，有桥阁二千九百八十九间。这诗中描写的是该段驿道幽深清丽的春日景色。他还有另一首《青桥驿》则写冬日路过时的景象："铁壁千秋雪，冰崖万壑雷，人家比星散，鸟道入云回。"又是另一境界。在

《马道壁上次韵》中，则写了南边栈道的雄险：

> 嘉陵江水碧迢迢，雷吼晴滩雪涌潮。峰曲行人愁
> 驻马，清猿声在白云霄。

这诗写嘉陵景色，特点十分突出。另有一首《嘉陵江》律诗写道："嘉陵江水向西流，乱石惊滩夜未休。岩畔苍藤悬日月，崖边瑶草记春秋。"则是直接描写出剑门经昭化到朝天驿一段，所谓"龙门阁道"的景色。

他往返四川与京师，除了走剑门蜀道外，也曾走过由三峡出川，到江陵再北上的路线。他有《竹枝词》九首专写三峡风物，其第一首云：

> 夔州府城白帝西，家家楼阁层层梯。冬雪下来不
> 到地，春水生时与树齐。

夔州府城，宋以后移到现在地方，即古白帝城西面。那时居民的房舍，沿山聚居，人在楼上，搭梯上下，又各依山势，层层排列。雨不到地，水与树齐，写地气变化与大江涨落，都是那里最显著的风光特点。其第七首云：

> 神女峰前江水深，襄王此地几沉吟。晔花温玉朝
> 朝态，翠壁丹枫夜夜心。

巫山峰峦上入云汉，山足直插江中，水深而急，汹涌洄洑。诗人用《神女赋》中"晔兮如花，温乎如莹"来写神女峰

的纤丽奇峭，用翠壁丹枫来寓托神女的幽思。既抓住了那里大自然真实的特色，又贯注了飞越的情思，可谓刻画江山，形神俱备。

新都离成都只二十公里，而当时他走水路出川，皆由成都起程。所以升庵屡有写锦江的作品。如《江楼曲送祝鸣和》：

> 江上楼，高枕锦江流，云霞连剑阁，烟树出刀州，登楼送君秋色里，旌旗影落清波水；眺望应随到牛遥，啸歌直感鱼龙起。……

这江楼指的就是现在成都东边的望江楼。唐宋人游宴饯行之地，本在"合江"（今九眼桥上流处），但同时在下流处（今四川大学后），建有迎送官员的亭舍。明代，蜀王府就在亭舍所在地取井水仿制"薛涛笺"。以后，增修楼舍，渐成宴饯之所，也就被附会为薛涛故居。清代扩大建筑，就成了今天成都市的"望江楼公园"。杨升庵贬云南后，曾于嘉靖二十年返川参加修省志，成都地方官陪同他游览了成都胜处浣花溪，以及都江堰、青城山等地。他都有诗吟咏当地风物。

由于他沿岷江南下多次，所以沿途胜处，亦屡有他的题墨。眉山的三苏祠，他最为敬仰。曾在拜谒之后，写了

《苏祠怀古》，前四句云："眉山学士百代豪，夜郎谪仙两争高。岷峨凌云掞天藻，江汉流汤驱砚涛。"表现出对苏东坡极大的推崇。青神的中岩，是当时岷江上最著名的旅游点。升庵前后经过此地，写诗甚多。如《夜泊》云：

> 夜泊中岩下，扁舟对万峰。一星高岸火，几杵上方钟，水落滩声急，云低雨意浓。何人吹铁笛，潭下恼鱼龙。

岷江至青神以下，水如玉绿，名玻璃江。宋时又借称为青衣江。在由眉山到乐山的中间一段处，沿江有上、中、下三岩，曲折幽深。中岩一带，回流峻壁，幽谷深磴，竹树蒙络，十分清丽。细味升庵诗，确实把这一切都包融进去了。嘉靖间，升庵游览了峨眉山，他登上峰顶，有《卧云庵》一诗记其景色：

> 峰顶散朝阳，凭高眺渺茫。山岚银色界，宝气白毫光。天阙尘氛净，烟霄草木香。不知西极外，何处有空王？

卧云庵，在峰顶光相寺（俗谓金顶处）侧。庵左数十步，就是睹佛台（即睹光台），是观看日出、云海、"佛光"之处。其地危崖凌空，前为万仞峭壁（今俗称舍身崖），极目四望，能看到数百里外的大小雪山。升庵到此，见到了

"佛光"："登其上绝顶，亦见光具五色。"不过，作为"罪臣"的升庵，不得在此久留。"树绕青衣国，花泻黑水祠。从兹万里去，莫遣雁书迟。"下山后，他告别友人，怆然独赴贬所去了。

虽然处在离家数千里的滇南，但升庵心中却永远怀念着故乡美好的山山水水。他在滇中所写脍炙人口的《送余学官归罗江》就凝聚着这样的感情：

> 豆子山，打瓦鼓；阳坪关，洒白雨。白雨下，娶龙女；织得绢，二丈五。一半属罗江，一半属玄武。
>
> 我诵绵州歌，思乡心独苦。送君归，罗江浦。

这诗前十句，全用古谣《绵州巴歌》，内容是：豆子山前舞乐鼓乐，阳平山上飞洒白雨，喜气洋洋迎娶龙女。罗江水如绢，是龙女织成，分流两县，指江流沃溉，生产繁荣富庶。歌谣本身，幻化奇美，唱出了人民对家乡风土的热爱之情。远戍云南而思念蜀中家乡的杨升庵，诵此歌送别即将归到这美好故乡的蜀人，孤苦的思乡之情，不是溢于言外了吗？

乡梦桃花远，四费忆繁川

　　这里说的"四费"，指的是明末清初四川学者、诗人费密和他的父亲费经虞以及他的两个儿子费锡琮、费锡璜。他们祖孙三代四人，都是有名于世的诗文家。繁川，指的是成都郊区的新繁县。"四费"是新繁人，可是又都长期怀念故乡而不能归。他们的思乡之情与历史上的一幅名画——石涛的《繁川春远图》，又有着密切的关系。下面先从费密说起。

　　费密（1623～1699 年），字此度，号燕峰，别号成都跛道人。他父亲费经虞，字仲若，崇祯举人，曾任云南昆明知县。张献忠义军入川时，费密避居彭县、什邡一带，后经昆明迎父，途中为少数民族所掳。赎出后，为明将杨展所聘用。杨守嘉定，费密劝其屯田自固。杨展后为另一支明军余部武大定所杀。费密辗转奔逃到陕南的沔县居住。
这段战乱流离的生活告一段落后，费密谢绝了当地总兵官
的千金之聘，从此潜心学术，兼研医理。以后，又全家东
下，家居泰州。他曾向当时名学者孙奇逢问学，又与魏禧、
屈大均、唐甄、万斯同、孔尚任等有交往，晚年闭门著述，
生活清苦，七十七岁时去世。

费密出剑门入陕，过朝天峡时，有《朝天峡》诗，很
负盛名：

> 一过朝天峡，巴山断入秦。大江流汉水，孤艇接
> 残春。暮色愁过客，风光惑榜人。明年在何处？杯酒
> 慰艰辛。

后来王渔洋读到这首诗，说"大江"一联十字可以千古，
遂与结交。当他们一家住在沔县时，生活困窘，费密到褒
城张家教私塾。他父亲费经虞有《遣儿密往褒城张氏授
徒》诗：

> 送汝出门去，高堂泪黯然。病来今更瘦，乱后久
> 无钱。斑白来千里，全家食一编。艰难宜力学，大父
> 是先贤。

费密自己亦有《沔县村居》《栈中》等诗记述当时贫困
生活。后来，全家又移迁泰州。费经虞有《自汉中携家往

江南》诗，其中说："萧条故国赋东征，白首携家万里行。珠树有禽随我隐，玉山无地傍谁耕。"移居泰州后，生活也是艰辛的。费密在《种蔬》中说他们"自移村落住，日上野塍行"。而且"土瘠深难耨"，以至"妻孥皆菜色"。这时，费经虞年纪益老，恋蜀不已。他自说是"久为吴地客，终是蜀山人"。老人的思乡之情，在其《思蜀》一诗中，表现得尤为深切：

> 垂老无穴只自怜，不堪往事益凄然。当门慈竹八千里，昨日疏梅二十年。既使丁男安稼穑，遂无姓氏到风烟。春时更觉伤人意，寒食青青麦满田。

老人终在日日乡思中去世。很快，费密亦到晚年。跟父亲一样，他晚年思蜀之情也很深切，特别念及在新繁原籍的祖墓，多年未拜扫，便请当时著名画家石涛画了一幅《繁川春远图》。画面构思是根据费密的口述，石涛体会后落笔：画右，是显露的新繁城郭一角，远处是一片繁茂的桃花林；画左，隆起一墓。费密从这幅画中寄托了对故土永远的怀念。

费密死后，其子锡琮、锡璜都以诗名扬江南。也同祖、父一样，热切怀念蜀中故土。费锡璜在《繁川春远图》上题记来历，又附上一首七绝：

五十年前似此图，老亲泪眼记模糊。即今遭受重兵火，留得桃花有几株？

到了康熙年间，费锡璜自己亦近暮年，但他终于有机会由泰州回到新繁拜扫了祖墓。他有诗记此行：

五十年来系梦思，祀田虽复鬓如丝。欲行且为荒莝驻，白首重归未有期！

可见，一幅《繁川春远图》凝聚着费家祖孙三代对蜀中故土的思念之情。

还值得一提的是，抗战前夕，四川大画家张大千先生，以一百银圆的高价收藏了这幅画。抗战中，因防空袭，又将这幅画连同别的卷轴寄放新繁城内，并借与修《新繁县志》的人参考过。后来张先生携带此画离开大陆。可以想象，他在异国凝视着这幅由寸寸乡思绘成的图画时，也一定充满着与"四费"一样的思乡之情。

双桂堂与破山禅师

    佛教，作为世界上三大宗教之一，自从汉代传入中国以来，在中国人的精神生活中，发生着很大的影响。如何研究、认识它，那当然又是另一回事。从旅游的角度看，"天下名山僧占多"，这是一个客观存在的事实。可以设想，如果幽岩深谷、奇山丽水之间没有宝刹梵宫的点缀，也许人们反而会觉得缺少了什么。

    在四川梁平县城西十公里处，有一座林木葱茏、环境清幽的古刹。周围田畴似锦，远望苍山若翠。风动树枝，声若龙吟；白鹤盘翔，姿如仙舞。寺院占地有七十多亩，共有大殿五重：大雄殿、关夫子殿、弥勒殿、韦驮殿、大悲殿、配殿及僧舍三百多间。现存佛像数十尊，全身彩绘，体态匀称，衣纹流畅，形神兼备。自清顺治十八年（1661

年）建成，至今三百多年，还基本保存完好，这就是过去被称为"蜀中丛林首"的双桂堂。它的创建人就是明清之际大禅师破山明和尚。

破山和尚（1597～1666 年），俗姓骞，是明初大学士骞义的后裔，四川大竹县人。因他曾在湖北黄梅破头山修炼，故号"破山"；因他法号"海明"，所以自署"破山明"。他十九岁时到大竹县佛恩寺出家。后在湖北黄梅住过三年，在浙江游历十年，后半生基本上在川东活动。破山在江南，曾参谒过当时名声很大的雪峤、湛然等禅师，但未能受到重视。后来到浙江天童寺当打磬僧。该寺方丈密云，是曹溪三十四代法嗣（禅宗六祖慧能，住广东曹溪南华寺，开南派禅宗，以后代代相传）。南禅宗修行的特点是不泥经文，讲净心自悟，即所谓"顿门"。师徒之间，"心法"相传，机锋印证。破山以刻苦的精神、敏捷的才思、机辩的语言，很快引起了密云禅师的重视，由打磬僧提升为"维那"（次于方丈的僧职）。明崇祯元年（1628 年），受密云传法，成为曹溪三十五代法嗣。

回川以后，他广收徒众，把南派禅宗传播到四川、贵州、云南各省。弟子中，名僧很多。如后来开建新都宝光寺的笑宗印密、中兴成都昭觉寺的方丈雪醉，都是他门下弟子，而在康熙年间重建成都文殊院的慈笃，则是他的再传门徒。由于这个原因，他所创建的双桂堂，在蜀地佛寺中，有很高的地位。

破山宗教活动的成功，不是偶然的。民间曾有这样一个故事：张献忠入川时，他曾单身一人去见张献忠。希望他破城以后，不要杀戮。张献忠叫人拿一个鸡蛋来，说："你们出家人不杀生，你若肯开斋，吃了这鸡蛋，俺就照你所请。"破山接过鸡蛋就吃，边吃边念："混沌乾坤一口包，也无皮肉也无毛。老僧带尔西天去，免在人间受一刀。"传说张献忠果然下令慎杀。这个故事，充分显示了破山的卓识胆略、口辩与机锋。

双桂堂现在保存着一些破山撰写的碑刻楹联。从文意、书法上亦可窥见其风格。山门上的两副对联，一副是：

二株嫩桂久昌昌，正快时人鼻孔；

数亩荒田暂住住，稍安学者心肠。

另一副是：

万竹山前逢一衲，话虚心高节；

三家村里学老农，得广种薄收。

还有一碑坊，两边嵌破山的偈语石刻，第一首：

狮子峰前狮子儿，全身踞地爪牙齐。有时返掷寻芳草，百兽闻之角皱眉。

第二首：

> 长生不如无生好，识得无生人不老。不老拟同春复秋，年年此时惊花鸟。

在清幽寂静的古精舍，配上这些偈语，确实更增加了"禅味"。

在新都桂湖的古碑陈列室中，有破山书《牧牛颂》的石刻：

> 善法堂前拟圣流，南泉牧得一头牛。我欲骑往西方去，又恐西方不肯留。

只从书法上看，苍劲中露秀丽，流畅中带疏狂。评论者对此有高度评价，称其把王羲之的俊逸潇洒、颜平原的宏大磅礴、欧阳询的俊拔森严、苏东坡的端庄圆润熔于一炉。

王渔洋蜀道写游记

在清代诗坛上，有一位在康熙年间被朝廷誉为第一，"主持风雅数十年"的著名诗人，他就是王士禛。

王士禛（1634～1711年），字贻上，号阮亭，别号渔洋山人，文坛上多称他为王渔洋，乾隆时，又改称士祯。他曾担任过国子监祭酒，即当时的最高学府的校长，最后官至刑部尚书。王渔洋是古代诗坛上"神韵"说的倡导者，也是"神韵"派诗人的代表。他认为，写诗应当追求"神韵"，也就是要清远；要"清幽淡雅"、"含蕴不尽"；要"不著一字，尽得风流"；要"兴会神到"、"得意忘言"。按他的"神韵"说作诗，有脱离社会现实、脱离人民的消极倾向，也受一定的唯心主义"禅喻说"的影响。但是，"神韵"派诗作讲究风格清新、音节流畅、意境幽远、语言含蓄，在清代以至近代文学创作上发生过较大的影响，在创作技巧上颇有不少可资借鉴之处。

清康熙十一年（1672年），他奉命入川主持四川乡试。这位大诗人手不停笔，在沿途一边观察，一边记录，写下了著名的游川散文《蜀道驿程记》。这部游记，在入川、出川途中基本上是每日皆记。其中记述了山川风光、风土民情、名胜古迹、当地人物，而且文笔优美。既有阅读价值，又有史料价值。在清人的各种川行游记中，可推第一。例如，他对重庆是这样记载的：

抵重庆府巴县治。江中遥望渝城，因山为垒，邈在天际，女墙阛阓，缭绕山颠，下被水面。山号金碧。濒江人家编竹为屋，架木为砦，以防暴涨。《注》（按指《水经注》）谓江州地势侧险，皆重屋累居，数有火灾，结筏水居者五百余家。夏水增盛，飘没无算。今渝城岁有火灾，盖地势然也。《水经》：江水又东北至巴郡江州县东，强水、涪水、汉水、白水、宕渠水，合流至左注之。庚仲雍谓江州县对二水口，右则涪内水，左则涪外水，即是水也。盖岷江自叙、泸西南来；涪江自绵、梓、遂诸州西北来；嘉陵江自阆、果诸州，巴江自蓬、渠诸州东北来，至合州同会涪江，南下至渝州东北朝天门与岷江会，故曰郡承三江之会，实四水也。三江灌输，众山拥蔽，巨峡为之门户，信巴蜀一大阻。昔为川湖总督驻节，市肆民居，鳞次栉比，虽更献贼、姚黄之乱，尚郁然一都会。郡在宋曰恭州。《吴船录》云：恭为州，乃在一大磐石上，山水皆有瘴。非实录也。

我们摘录了这一段文字，似嫌稍长。但我们从这段文字中，难道不可以看出王渔洋这本游记的文学价值与史料价值吗？

踏实力学的彭端淑

在许许多多鼓励人们勤学上进的故事中，有一则广为流传的故事，那就是——两个和尚朝南海：

四川有两个和尚，一穷一富。穷和尚对富和尚说："我想到南海朝圣。"富和尚问："你凭什么前去？"穷和尚回答说："我带一瓶一钵就够了。"富和尚说："几年来我想雇船去，还未能实现呢，你凭什么去得了！"第二年，穷和尚从南海回来，去告诉富和尚。富和尚深感羞愧。

这个故事，生动扼要地论述了做任何事情其难与易、主观和客观之间有着辩证的关系，特别强调它们是可以转化的，转化的条件就是人们主观上刻苦努力、顽强奋斗的精神："天下事有难易乎？为之，则难者亦易矣；不为，则易者亦难矣。人之为学有难易乎？学之，则难者亦易矣；

不学，则易者亦难矣。"这个故事，见于著名的散文《为学一首示子侄》。它的作者就是四川诗人彭端淑。

彭端淑（约1699～约1779年），字乐斋，号仪一，四川丹棱人。雍正十一年（1733年）进士，曾在北京、广东等地为官。晚年辞官归蜀，主讲成都锦江书院，达二十年之久。

彭端淑虽然与李调元、张问陶并称为清代四川三才子，但他的成就并不是靠先天的才气，而是得力于后天的踏实勤学。上面提到的《为学一首示子侄》，其实就是他自己为学经验的体会与总结。两个和尚朝南海的故事，一般人可能认为是"寓言"，其实这并不完全仅凭虚构，而是有"模特儿"的。端淑晚年有《赠僧》诗一首：

> 有僧远自蜀中至，赤足蓬头向我鸣。欲刻韦驮镇佛寺，为求巧匠到京城。一瓶一钵随缘募，万水千山背负行。志士苦行能若此，人间何事尚难成。

他在诗题下加了小序："四十年前在京师，有僧自眉州至京，刻韦驮一尊背回。苦行如此，用以示警。"非常明显，这个眉州和尚，就是那朝南海的穷和尚"原型"。而这首《赠僧》诗后来经过发展，就成了《为学一首示子侄》的内容。

彭端淑能从立志苦行的僧人那里，敏悟到具有普遍性的道理，与他自己工苦力学有关。他在《白鹤堂晚年自订诗稿》的序中说："余一生精力尽于制义，四十为古文，五载成集，近五十年始为诗，已二十五年矣。"我们看他晚年的诗作，虽不少激越奋进的意趣，然总的倾向是踏实稳健的。如他应举、为官，不止一次由剑门蜀道往返，有《观音碥》一诗，描写千佛岩一带的风光：

> 曾经大士宕，复历观音碥。嶻嶻傍山足，百折缘江转、阴岩郁惨淡，日午露犹泫。大石竟纵横，斤斧不能剪。往来通铃铎，逼仄碍车辇，目眩心常惊，足踟步不展。

从李白写《蜀道难》到清代近一千年，川陕交通变化不大。"往来通铃铎，逼仄碍车辇"，描写了道路险仄，要用摇铃铎来发信号，以便"错车"的情景，十分生动。

他也曾由岷江入长江出峡。途经嘉州时写有《过大佛岩》诗：

> 百丈凌云上，三江汇足流。波涛长在眼，风雨几经秋。曲径迷行迹，苍苔点客舟。舟行倏已远，回首失嘉州。

彭端淑晚年主讲锦江书院二十年，自谓"文翁遗泽自

今崇，三载重来石室中"。这时多写成都文化古迹。如屡有
诗记游草堂，而且是"泛舟游草堂"。可以坐船直达草堂，
这说明当时河道情况与今天是不一样的。他记锦城春色的
小诗，则很有情味，如《清明》：

> 步出郭西行，惊心节复更。花残寒食雨，春老杜
> 鹃声。荞麦村村秀，新烟处处生。锦城风物好，无那
> 故乡情。

如果不是春天到成都郊外走上几趟，如此诗情是怎么也体
会不到的。

万卷楼主人李调元

要较为深入地了解巴蜀文化，《函海》是定要参考的。这套丛书收了一百五十种以上有关巴蜀的著作，它的编刻者就是清代乾、嘉时四川有名的学者、诗人、藏书家——万卷楼主人李调元。

李调元（1734～1802年），字羹堂，号雨村，别号童山蠢翁，四川罗江（今罗江县境内）人。自幼聪颖好学，十九岁，获县试第一名为秀才；二十六岁，得乡试第五名为举人；乾隆二十八年（1763年）到京会试，中一甲进士，授翰林院编修。此后，历任吏部文选司主事、考功员外郎，并两次督学广东，升任直隶通永道。因清廉刚正，为满族大官僚永保等人构陷，曾被下狱。后流放新疆伊犁，中道准予以万金赎免。乾隆五十年（1785年），他五十二岁时回到故乡后，就再也不出仕了。

《函海》一书是他积平生心力，经过艰苦奋斗才编刻成的一部巨著。明末清初，四川长期战乱，经济、文化发展缓慢，书院少，学人少。江南地方一些读书人甚至视四川为边鄙，连最崇敬苏东坡的浙江人冯应榴，也认为当时蜀中无人。他来四川做主考，出了一道题目叫《井蛙赋》，讽刺四川考生是井底之蛙。李调元从青年时起，就怀有振兴四川文化的雄心壮志，故他时常留意收集乡邦文献。在翰林院时，正值乾隆下诏修《四库全书》。李调元与一些友人都参加了这一工作，他因此得以看到许多"天府藏书"。到他任通永道（治所在今北京通县）时，便将收集到的有关四川的许多书籍，自己出资雕版印行。中间，由于遭横祸，又曾中断。在他缴付万金赎罪之后，仍然艰辛筹款把《函海》的刻版最后运回四川，竭尽千方修补，使这部巨大的丛书，得以印行问世。他的这一举动，是对发展四川文化的巨大贡献，赢得许多人的尊敬。当老诗人袁枚读到李调元寄赠的《函海》之后，曾寄诗说："正想其人如白玉，高吟大作似黄钟。童山集著山中业，《函海》书写海内宗。"

《函海》初刻版藏于"万卷楼"。这万卷楼，也是李调元为了振兴巴蜀文化，集平生精力而经营的一座藏书楼。

可说是当时四川最大的私立图书馆。李调元的老家"醒园"
在今罗江镇北二十里的云龙山下，山清水秀，树木葱茏。
万卷楼就高矗其中。李调元祖父一代还是自耕农。当清初
乱后，四川地广人稀，赋轻事简，加上他祖父勤劳俭朴，
家境渐饶。李调元的父亲李化楠，得以延师授读，后中进
士，在浙江、河北任过知县、知府。李化楠就收集了许多
图书，修了这万卷楼来贮藏，以备自己子侄和邻近生员阅
读。到李调元中进士为官后，更加扩大其规模，从外地购
回许多珍贵古本、稀见图书，以充实馆藏。这样，李氏万
卷楼就成了西蜀藏书最丰富之所在。在一定意义上可以说，
是清初以来四川文化事业恢复发展的一个标志。

李调元回到老家醒园后，曾写了一首诗说："得归全感
圣明恩，赢得生还入剑门。妇子团圞如梦寐，此身恐有未
招魂。"表现了对封建官场险恶的刻骨铭心的感受。从此，
他不再涉足那风波之路，除了读书著述之外，还喜欢两件
事：一是排戏，他平生喜欢戏曲，这时，他挑选一批有艺
术才能的少年，聘请江苏的昆曲教师，培训了一个"家
班"，排练出《比目鱼》《红梅记》《十五贯》等大型戏剧。
平常在家里演，有时还带着"家班"到各地流动演出。这
对于昆曲在四川的流传和四川戏剧文化活动的发展，都起

了推动作用。再一个就是旅游，李调元平生喜欢漫游名川大山，寻幽访古。晚年远离宦海风波，更寄意于山水遨游，一生中留下了许多记录山水之美的优秀诗篇。

对于家乡周围的名胜，如新都桂湖、杨升庵墓、弥牟镇的诸葛亮八阵图等处，他从小就常去瞻仰。他特别崇敬杨升庵的为人，同情他的遭遇，二十二岁在拜升庵墓时，曾作诗说：

> 可怜一字千金值，急付装潢尚难得。万峒獞獠皆
> 知名，九重虎豹竟不识！丹铅录比离骚词，有明博学
> 无比媲，蜀人固自例遣谪，潮阳儋耳无此悲。

后来，他三十七岁守母丧返川，遇四川学使祝芷塘。祝芷塘赠他的诗有句云："凋零双桂后，若个长西川？"意思是说，在杨升庵之后，又有谁来领导四川文坛？李调元这时更加受到鼓舞，决心继杨升庵之后，为西蜀文化增光。他把这一联用楠木刻成横额，挂在万卷楼上，时时激励自己。

他青年时代就留心乡邦文化，对文化古城成都的名胜更是特别注意。他十九岁时，遍游锦官城，作有一组"成都杂诗"，记叙成都百花潭、万里桥、金马坊、相如宅、扬雄墨池、严君平卜肆、支矶石、筹边楼、望江楼、碧鸡坊

等处的史迹风物。文笔清新，含思婉转，具有吊古和风俗画的情味。如写当时城市风貌：

> 春到城头花木饶，雨余始觉鸟声嚣。旅人饭罢浑无事，闲上东门万里桥。

清明日，他去薛涛坟上凭吊：

> 乌鸦啄肉纸飞灰，城市家家祭扫回。日暮烟村人不见，薛涛坟上一花开。

对地方史迹的热爱，是推动他后来从事振兴西蜀文化的动力。

他二十岁时，随祖母、弟弟到浙江余姚父亲任上去，沿长江出三峡，途经重庆时，写了《渝州登朝天城楼》：

> 五鼓城头画角催，四山云雾黯然开。三江蜀艇随风下，万里吴船卷雪来。剩有小舟来卖酒，更无诗客共衔杯。少年壮志无人识，袖手寒天寂寞回。

写出了山城江山的壮阔、交通的繁忙和作者的少年心志。途经三峡，云峰高插，密如蓬麻，小舟缘石壁而下，作者摄下了峡中春天的美景：

> 天宽才一线，地仄控三巴。瀑挂山山树，溪流处处花。

在夔州，他还特地去拜谒了杜少陵祠，赋诗称赞杜甫"一朝诗史为唐作，万丈文光向蜀留"，而末尾用"艰难我亦栖迟久，试问秋怀得似不？"又流露了追踪杜甫，继承"万丈文光向蜀留"的气概。

他省亲、应举、为官期间，多次由陕西经剑门蜀道回家。诗中常浮现着蜀道雄姿。沿嘉陵江南下广元时，他写了一组绝句，其中有云：

> 山神知我爱看山，雨洗诸峰献好颜。唯有白云偏不许，只教窈窕露双鬟。

> 石岿岿处是龙门，上有雕镌万世尊。千佛名经龙定许，莫令烧尾却回奔。

这里看到的龙门，即千佛崖，在广元城北四公里处嘉陵江东岸。有龛窟四百多个，造像一万七千余尊，分上下数层排列。佛像大者丈余，小者一二尺。最早的建于南朝梁代，亦有宋、元、明历代所凿，而尤以唐代为多。雕像姿态多样、生动逼真，是四川境内最著名的石刻群之一。李调元当时乘船从江中望去，更能感受那雄壮气势。

到了晚年，李调元游兴更浓，大概是寄托愤懑于山水的缘故吧。五十三岁时，他去江油拜谒李太白祠堂，顺便游览了江油有名的窦圌山，有诗云：

> 屹立三峰天半开，天桥何必说天台。归来始识风

波险，怕看僧从铁索来。

相传唐代彰明主簿窦圌隐居于此，故山以人名。从山麓到山顶，有五公里，道路盘曲，林木苍翠。山巅有三峰，拔地而起，高逾百米。峰顶有古庙一座。绝妙的是三峰中，只有一峰有险路可通下面，其余两峰，则由上下两条铁索组成悬桥相连。"归来始识风波险，怕看僧从铁索来"，既描写了窦圌山实境，又抒发了对仕途险恶痛定思痛后的回味。

他五十六岁时，遍游青城、嘉定、峨眉。在峨眉盘桓尤久，对伏虎寺、双飞桥、清音阁、牛心寺、万年寺、天门、金顶等他最为喜爱。题诗记胜，佳句如林。登金顶一律尤好：

拾级登天路又分，混茫浑不辨氤氲。人言峰顶真如月，我见峨眉尽是云。四壁银光千古雪，两廊铜锡万年文。昨霄风雨何方降，夜半龙归隔寺闻。

现在人们谈到巴蜀文化、巴蜀山川时，都必定要念及这位振兴巴蜀文化的才子——李调元。

"诗中有我"的张船山

　　"诗中无我不如删，万卷堆床亦等闲。"这是清代中期蜀中名诗人张问陶的诗句，鲜明地道出了他的创作主张。在《论诗十二绝句》中他还说过：

> 　　胸中成见尽消除，一气如云自卷舒。写出此身真
> 阅历，强于饤饾古人书。

在这抒写性情、反对模拟的主张引导下，他确实留下了若干好诗，受到当时和后世的盛赞。

　　张问陶（1764～1814 年），字仲冶，号船山，四川遂宁人。从小生长在一个富有文化教养的家庭中。乾隆五十年（1785 年），在京第一次参加乡试落第后，曾携眷回遂宁老家，不久妻子病死。三年后，他入赘成都盐茶道林西崖家。乾隆五十五年中进士，授任检讨。以后，曾任莱州知府。

不久辞官，寓居苏州虎丘。嘉庆十九年（1814 年）病逝。

张问陶在蜀中时，写了大量描绘山川风光的诗歌。他于嘉庆三年（1798 年）由蜀中北上途中作的《戊午二月九日出栈宿宝鸡县题壁十八首》，不仅写出了跋涉关河的旅途艰辛，而且在崎岖戎马的记载中，流露出对人民的深切同情，被当时人评为"欲歌欲泣，情见于辞，以为太白少陵复出也"。如：

> 断无符拔混麒麟，大酒肥羊误保身。攘劫翻夸裨将勇，需求谁谅县官贫。

揭露清军在镇压人民起义中，乱杀乱抢，到一处，勒索一处的暴行。

"写真阅历"的主张，贯穿于船山的山水诗中，则是在鲜明的景物形象中寓托感怀。如《重庆》：

> 腊鼓冬冬岁又残，巴渝东望尽波澜。枫林坐爱相思寺，云水遥怜不语滩。一字帆樯排岸直，满城灯火映江寒。西行便是还乡路，惭愧轻弹贡禹冠。

既描写了山城岁暮的景色，又写出了自己徘徊于仕途的情怀。他下峡的诗歌，更是轮廓鲜明的画卷。如《巫峡同亥白兄作》写巫山：

> 云点巫山洞壑重，参天乱插碧芙蓉。可怜十二奇

峰外，更有零星百万峰。

写巫峡一带山貌，如腾空观看，总体印象十分清晰。在其
《峡中作》里，还有专写神女峰的诗：

> 倚天小立玉芙蓉，秀绝巫山第一重。我欲细书神
> 女赋，薰香独赠美人峰。

可以说把神女峰描绘得形神兼备了。

由于张问陶诗名在外，他中进士后，与京中一些知名
人士如洪亮吉、石韫玉、孙星衍、朱文翰、王学浩、张吉
安等人，交往颇密。经常宴饮长谈，情深意笃。有的诗友
甚至表示来世"愿化作绝世丽姝"为之"执箕帚"，做他的
妻子，以便能朝夕唱和。对此张问陶也戏答其言。诗中
有云：

> 击壁此时无妒妇，倾城他日尽诗人。只愁隔世红
> 裙小，未免先生白发新。

虽然是玩笑语，可看出真诚的友谊。友人洪亮吉，把他的
诗推荐给当时文坛领袖袁枚。年迈八十的老诗人对之十分
赏识。张问陶把自己部分诗作编为一册，取名《推袁集》，
寄与袁枚请教。袁见诗后，方知道这是年轻时的朋友张顾
鉴的儿子之作，不禁狂喜。

由于他的诗风大略与袁枚相同，又受袁枚激赏，故有

人认为他是步趋袁枚的。对于这点，张问陶曾作诗解释说："汉魏晋唐犹不学，谁能有意学随园（袁枚号随园）。"因为，如果"步趋"，那就"诗中无我"了。后来李文治评这场公案说：

> 一代风骚多寄托，十分沉实见精神。随园毕竟沉游戏，不及东川老史臣。

这话谨严实在，是对这位四川诗人的公允评价。

张澍独力撰《蜀典》

　　要学习与研究四川古代的历史，必须阅读四川的地方志。现存的四川地方志将近八百种，其中收集资料最丰富、使用价值最大的首推嘉庆《四川通志》。这是清代嘉庆时期集中一批文士，集力搞了四年才编成的。规模巨大，征收宏丰。可是，却有一位外省游宦四川的学者独立写了一部著作，对嘉庆《四川通志》进行纠误补阙，而且取得了重要的成绩。这就是清代著名文学家、史学家张澍。

　　张澍（1782～1847年），字介侯，甘肃武威人。他自幼聪慧过人，十四岁就中举人，十九岁中进士，入翰林，被时人誉为"天下奇才"。张澍一生中所写诗文不少，有《养素堂文集》《养素堂诗集》传世。他又是一位大学者，著有《姓氏五书》《五凉旧闻》，辑刻有《二酉堂丛书》，编辑整理了《诸葛忠武侯文集》。这里，我们仅介绍他在四川的活动。

张澍虽然才华出众，但在十五六年的为官生涯中，几乎全在偏僻小县当县官。这其中，时间最长是在四川。他在四川的屏山、兴文、大足、铜梁、南溪等五县当知县，共达七年之久。他每至一处，都十分注意地方史地的研究和地方文献的整理。比如在大足时期，就主持修过大足的县志。嘉庆十七年（1812年），由四川总督常明组织的编写班子，开始编写《四川通志》。张澍认为应该邀请他参加，却未见问津。于是，张澍就利用嘉庆二十年在宜宾养病的机会，把自己苦心收集的四川地方史材料进行整理编辑，打算独自搞一部书。次年，《四川通志》完成，张澍看了以后，认为有不少阙略，便将自己的著作编定刻印，取名为《蜀典》。虽然他在《蜀典》的序言中说：

> 名曰《蜀典》，以质鸿彦，非以为纠谬，非以为补遗。锦里新闻，既渐成式，岷山异事，或几台符，聊备庸部之故实，资儒林之公议云尔。

很明显，这是客气话，他编写《蜀典》，正是有"纠谬"、"补遗"之目的，只是不便明言而已。

《蜀典》共分十二卷，包括堪舆（实为地理沿革）、人物、居寓、宦迹、故事、风俗、方言、器物、动植、著作、姓氏等类。正因为他主要为"纠谬"、"补遗"而作，所以并不是系统地论述，而是一个问题一个子目，颇似清人的笔记一般。《蜀典》一书中的论述，有的是明白为《四川通志》纠谬。如卷一下《扬雄墓》一条，他引用了大量材料进行考察，明确指出"雄墓在长安，《四川通志》乃云雄墓在郫县西二十里，误矣"。此外，更多的是为《四川通志》进行增补，也有的条目是纠正《华阳国志》《水经注》等书中对四川古代历史、地理问题的误载，所以，具有很高的史料价值。例如卷五《井法》条长达一千六百余字，对四川历代井盐开凿技术的演变，作了系统的记述。又如卷十《蜀石经》条长达三千余字，记述著名的五代时孟蜀《石经》的写刻经过、学术价值等，这些对今天研究四川古代历史当然具有重要的参考作用。张澍虽然以博学多闻而著称，但对若干暂时不能作结论的问题，仍采取了多闻阙疑，决不妄下结论的态度。如卷三《尸佼入蜀》一条，就列出有关的各种异说，然后只说"不知谁是"，对传说中的先秦思想家尸佼是否入蜀一事，采取了审慎的态度。显然，这种态度是科学的。

张澍对四川古代历史研究做出的另一贡献，就是编成了《诸葛忠武侯文集》，这是最完备的诸葛亮的著作集。直到今天，我们所读到的《诸葛亮集》，仍是以张澍编的《诸葛忠武侯文集》为蓝本的。

作为一个生长在大西北的文学家，在四川几年中，竟能对四川古代文化如此关心，如此熟悉，如此成就卓著，是很值得我们纪念的。

何绍基草堂留名联

成都杜甫草堂工部祠廊下有一联：

锦水春风公占却；

草堂人日我归来。

字体秀润、古朴，精力弥漫，从体态看，系从北碑张黑女墓志和颜真卿字体融会而来，然又一变颜字的肥厚，在碑体峻朴之中，渗之以俊丽丰腴，因此很多游人都喜欢将它摄入镜头。这副联语的撰书人就是清代学者、著名书法家何绍基。

何绍基（1799～1873年），字子贞，号东洲，晚年号蝯叟，道州（今湖南道县）人。清道光十六年进士。幼承家学，毕生从事经史研究及《说文》的考订工作。曾历主福建、贵州、广东乡试。咸丰二年（1852年）八月授四川学使，在任三年，以直陈地方弊政，忤旨罢官。以后，历掌山东泺阳书院、长沙城南书院。为诗推崇苏轼、黄庭坚，是晚清宋诗派作家。著有《东州草堂诗文钞》。

何绍基撰写这联语，还有一个故事。杜甫生前与其诗友高适尝于"人日"（正月初七）相互赠诗，因当时人们常于人日出游，与亲朋聚会。故高适有《人日寄杜二拾遗》，其中说"人日题诗寄草堂，遥怜故人思故乡"，"今年人日空相忆，明年人日知何处"等句。高适死后，杜甫有《追酬故高蜀州人日见寄》，其中有"自枉蜀州人日作，不忘清诗久零落"之句。可知"人日"与杜甫草堂很早就有关系。何绍基那年在果州（今南充）考试学子完后，在回成都的路上撰成此联。因为要与联语内容相应合，所以来成都不到官衙，先住在郊外，等到"人日"这一天，来到成都草堂书写这联语后，才回到衙门去。这副联语，其内容暗中流露了自负和怀才不遇的感情。何绍基在四川三年，敢于揭露弊政，也赢得了四川人民的尊敬，加上书法的端庄流丽，所以四川人民甚为珍爱。本来，每年正月初二出游草堂，是当时成都人的习俗。此联一出，草堂之游遂改为"人日"，流风余韵，一直延续到现在。

在成都，除了草堂此联外，何绍基还为薛涛吟诗楼

（今望江楼公园内）撰写一联：

　　　　花笺茗椀香千载；云影波光活一楼。

即景成联，点化极实在又极活妙，不愧是兴到神来之笔。

何绍基对薛涛的评价是很高的。他在咸丰五年任满将离成

都时，于八月二十八日与友人茶憩于薛涛井畔之吟诗楼，

曾有一诗写薛涛：

　　　　割据营营古蜀州，一隅偏为女郎留。当时节度争

　　投缟，后代诗人补筑楼。旧井尚供千汲户，名笺染遍

　　万吟流。由他壮丽纷祠宇，占断城东十里秋。

自古以来，在西蜀称王称霸的人不少，可是能留下遗址，

让人永远纪念的偏有这个弱女子。同时的十一位节度使，

都和她唱酬。后代诗人们筑楼、题诗，薛涛被吟客们所艳

称。成都东城十里，占尽风光的要算薛涛了。前一副对联，

可看成这首诗情的高度升华，加上书法艺术的风流蕴藉，

可谓内容与形式俱佳。游人登楼一睹此联，遐想悠然，给

人以美的启迪。

　　何绍基对苏东坡很尊崇。他在嘉州东坡楼，撰写有一

联，极精美：

　　　　江上此台高，问坡颖而还，千载读书人几个？

　　　　蜀中游迹遍，信嘉峨特秀，扁舟载酒我重来！

他在咸丰五年二月，于嘉州试学子完毕，就去游凌云山。在相传东坡读书台编成此联，尚未书写，就到别处科试。七月往游峨眉山，路过嘉州，知州李云生又邀他游凌云，才将此联写出。上联高度评价东坡、颍滨（苏辙号颍滨遗老），亦含有对四川学人激励之意。下联高度赞扬嘉州与峨眉的景色为全蜀之冠。江山文藻，相得益彰，是蜀中名联的佳作。

由于这些联语已构成四川文物风光的组成部分，所以凡谈蜀中胜迹，人们往往会提及这些名联及它们的作者——何绍基。

"画和尚"竹禅

　　五代时，被前蜀王建赐号为"禅月大师"的贯休和尚，不仅能诗，而且善画，他为杭州众安桥张家药店画罗汉一堂，奇形怪状，至今论画者还时时提到。无独有偶，清代末年，蜀中又出了一个画"怪画"的和尚，声名噪然，至今全国好些寺院，如新都宝光寺、成都文殊院、北京法源寺、宁波天童寺都珍藏有他的墨迹。那画幅上，钤上的两方章是"王子出家"、"报国削发"。这位怪和尚，就是四川的竹禅。

　　竹禅（1824～1901年），号熹公，四川梁平县人。俗姓王，十四岁在本县报国寺出家，受戒于双桂堂。他那两方印的含义，不过是说"王姓的子弟出家当了和尚"，"在报国寺削的发"而已，但不知底细的人会以为他是"王子"

哩。由此可看出这人确有点怪。二十六七岁时，他离梁平出去云游，先到汉口。他不愿到当地寺中"挂单"，诵经坐禅求吃住，而是在旅馆写出招贴，宣称四川和尚卖画，果然有人来求画。在汉口住了一段时间，画技也更有进步。于是便乘船东下，到上海滩上卖画为生，声名越来越大，收入越来越多，游方和尚的生活也就结束了，而成为穿着僧衣的名画师了。

从他的气质看，他确实不是遁入空门的虔心释子，而是一个情感极丰富的人。据传，他出家后，未了凡心，与本县一大家闺秀情意绵绵。女方父母认为玷污门风，欲加惩治，不得已他才离梁平而下汉口的。有了解他的人记述他的性格："所画多孤竹怪石，遇王公巨贾求其画，恒雅不欲绘，而对方外女郎则乐于从命。窥其风趣，恨不得有两颗心，一颗属于佛祖，一颗献给佳人。"这记述，是符合他的性格的。他以一个卖画和尚，混迹十里洋场的上海，生活是孤寂的，内心仍是空虚的。他画过一幅《念佛多》的横披，一只八哥立于孤石上，题诗云："吾年七十多，着个老八哥。与我为侣伴，教他念弥陀。"还有跋文几句，说这八哥"随吾云游南北二京，两湖三江，见之者无不生大欢喜而称赞之。养经七年之久，忽然一旦哀鸣，念佛立亡，教令想痛切。埋之未久，生出莲花一朵，如铜钱大，莫谓人而不如鸟乎！"这不是曲曲折折地反映了他对孤寂生涯的厌倦和幻想中的情感的追求吗？

在外浪迹江湖的竹禅，对故土是十分眷恋的。他曾经回过一次梁平，送给梁平大寺院双桂堂贝叶经、舍利子等物件，双桂堂为此专修了一座舍利塔。1898年，七十多岁的竹禅从上海给双桂堂寄来一千两银子。当时双桂堂已负债万余，得此如雪中送炭。次年，双桂堂派专人到上海请他回来任方丈，竹禅欣然允诺，于1900年回到梁平。他正想凭借自己的声望和力量中兴双桂堂，但半载之后，即染病长逝了。双桂堂为他建了墓塔。门上一联：

> 携大笔一支，纵横天下；
>
> 与破山齐名，脍炙人间。

横额上四个字是："书画名家。"这几句话倒是非常准确地概括了他的一生。

竹禅的画，保存在四川禅林的，首推双桂堂。那里珍藏了他的竹石图（斗方）十多幅。这是竹禅晚年回寺担任方丈时，专为本堂留念而作。十几幅图，都只寥寥几笔，却姿态互异，各有千秋。清刚中见俊俏，潇洒中见苍劲，诚为晚年力作。

在新都宝光寺的厅堂中，也挂有他四幅墨竹，分别写竹在雨、露、风、晴四种自然环境里的不同姿态——所谓"吟风"、"醉雨"、"承露"、"烘晴"。构图极简洁，用笔极明快。欣赏者面对纸上"此君"，即能领略到修篁千竿迎风弄日的意趣，确是不可多得的艺术精品，为古刹增色不少。

王闿运开蜀中学风

　　明末清初，四川连年战火达八十年之久，造成人口锐减、经济凋弊，文教事业更是一片荆榛。本来，宋代的蜀学是十分昌盛的，在全国占有重要地位。宋末元初的战乱，使得四川地区的经济文化发展受到极大的损失。经过元、明两代，刚刚有所复苏的四川形势，又遇到明末清初战乱的大破坏，久久未能恢复。所以，在清代前期，四川的文教事业几乎是一落千丈，没有出现过几个人才。唐宋时期蜀中人才济济的局面完全看不到了。几位有学问的文士，如新繁的费密、遂宁的吕潜、达县的唐甄、丹棱的彭遵泗等或移居外省，或宦游不归。清代乾隆、嘉庆时期，全国学术研讨相当繁荣，形成著名的"乾嘉学风"。可是，在乾嘉学派的著名学者中，竟找不出一个四川人。清代前期四川学风之衰颓，由此可见一斑。

清同治年间，著名的政治家兼才子张之洞出任四川的提督学政。张之洞到四川之后，走了几个府州，认为四川的文风凋敝，教育事业大大落后于江南，没有多少文人在真正研究学问。省会成都的锦江书院算是全川的最高学府，仍是只学八股制艺，一心放在科考上，只知死读八股文，以至"除时文外不知读书，至毕生不知《史》《汉》（指《史记》《汉书》)"。他决心对四川学风有所振兴。于是，他奏请朝廷之后，首先于光绪元年（1875 年）在成都设立了尊经书院（院址在今南较场），从全川选拔一些学生来此学习。学习内容以读典籍、讲经史、作诗文为主。可是，在四川竟找不到一位合适的老师。张之洞从蜀中官吏中选了钱铁江和钱徐山两位，也都是江南人。书院开办两年之后，张之洞下决心去请一位真学问家来，在当时的四川总督丁宝桢的支持下，终于从湖南请来了一位老师，这就是王闿运。

王闿运（1833～1916 年），字壬秋，湖南湘潭人，是我国清末最负盛名的学者与诗人之一。他年幼时天资并不好，《清史》本传称他：

> 幼好学，质鲁，日诵不能及百言。发愤自责，勉

强而行之。昕所习者，不成诵不食；夕所诵者，不得解不寝。……刻苦励学，寒暑无间，经史百家，靡不诵习，笺注抄校，日有定课，遇有心得，随笔记述，阐明奥义，中多前贤未发之覆。

王闿运就是如此苦学而成功的。年未二十，他的学问就已名闻海内，出外游学。首先，被山东巡抚崇恩聘为文案，有如今之秘书。然后又被当时朝中的实力派肃顺请进京去做文案，"肃顺奉之若师保，军事多咨而后行"。他写的奏折，咸丰皇帝也很赞赏。慈禧发动"祺祥政变"，肃顺被杀之后，王回到湖南，又被曾国藩请到幕中。但他看到清朝统治集团中的种种失误与腐败，决心不再问政事，回家读书著书，逍遥物外。光绪四年，丁宝桢、张之洞经五次函请，才把他礼聘到成都，担任尊经书院山长（即院长），主持教席，"自督部、将军皆执弟子礼，虽司道侧目，而学士归心。"

王闿运到尊经书院视事不久，将全院学生集中起来，叫他们把各人所读的八股试帖之类书籍全部拿出来。学生们以为新来的山长要进行考试，谁知王闿运竟亲自点起一把火，将这一大堆窒息人们头脑的铁铸教条统统烧掉。然后向大家讲话，他指出：这一套东西没有用处，读这些东西是学不到什么学问的，读书人需求真学问。王闿运的胆子是相当大的，他的行动在当时是一种对抗朝廷的举动，因为当时科举制还未废除（清代废八股取士在 1898 年）。好在社会上厌恶八股文的人愈来愈多，他又是总督大人和学台大人礼聘来的，故而也未惹出什么乱子。

不学作八股文又学什么呢？王闿运在尊经书院的教学是以经学为主，其次是史学、词章（相当于今天的古典文学与写作）和小学（即文字、音韵、训诂之学，这是当时院中的基础课，必须首先学好）。王闿运一直亲自为学生讲课，但学习方式以自学为主，每天要写读书笔记，每月都出题考试，让学生作文。为了启发学生，每次都先由王闿运亲自作一篇"程作"，作为启发性的示范。对于学生中的优秀作业，由王闿运选择出来，编成专集刻印成书，发给大家。现在还能看到的《蜀秀集》《尊经课艺》《尊经文集》，就是这样选印出来的。王闿运虽然当时已是国内知名学者，但对于学生中提出的种种问题，总是分别进行讨论，循循善诱，凡有新见者多给以鼓励扶持。这种学习方法，一反过去埋头八股试帖的恶习，很能调动学生的主观能动性，有利于发现人才、培养人才。更重要的是在王闿运的改革措施推动之下，在他亲身的启迪和影响之下，蜀中学子"如饥渴之得美食，数月文风大变，遂沛然若决江河"。尊经书院的学生中迅速涌现出一批杰出的人才，一时人文蔚起，比于齐鲁。如宋育仁、廖平、杨锐、吴之英、张祥龄、顾印愚等全国知名的学者都是王闿运的高足。所以，《清史稿》也称他主讲尊经书院时"成才盛众"。

四川的学术在清末得以复兴，而且其影响一直延续到现在。我们不能不怀念当年主讲尊经书院的王闿运。

"戊戌六君子"中的刘光第

　　光绪二十四年（1898年），干支纪年为戊戌，清廷守旧派头子慈禧太后发动政变，软禁光绪，残酷杀戮维新志士。在中国近代史上这场惊心动魄的斗争中，四川有两个人为之捐躯，一位是绵竹人杨锐，一位是这里要讲的富顺人刘光第。

　　刘光第，字裴村，四川富顺县赵化镇人，生于咸丰九年（1859年）。自幼父死家贫，母亲在艰难竭蹶中，咬牙送子读书。虽然家里穷得每天只能买三文钱豆渣做菜，但光第却能发愤苦读。二十一岁参加县考，为案首（童子试第一名），得县官陈锡鬯的赏识和帮助，得以继续攻读，游学于成都锦江书院。二十三岁中举人，二十四岁中进士，授刑部广西司主事。

　　他在京期间，不交往权贵，常是闭户读书，埋头著作。身在受贿成风的刑部，却决不同流合污。但对于国家大事倒很关心。早在康、梁等"公车上书"之前，他已经写了《甲午条陈》，抨击时弊，力主改革。除了要求"严明赏罚"、"下诏罪己"、"隆重武备"之外，还尖锐地指出："自古政出多门，鲜有成事，权当归陛，乃得专图。"这话意思是要光绪不让慈禧干政，自己掌握权力搞好国家。他的上司见到这文字，吓得魂飞魄散，申斥他说：讲这种话，轻一点讲是"标新希进"，要充军；重一点讲是离间两宫，即挑拨帝后母子关系，要就地杀头的。由此可知，刘光第后来参加百日维新，坚定刚毅，直到临刑仍然铁骨铮铮，头被砍而身不仆，绝非偶然。

　　刘光第遇害后，在同乡好友帮助下，灵柩运回四川。船过三峡时，沿江人民结队相送，各码头纷纷燃香设供，临江祭奠。沿岸纤夫，自动帮助拉船，有时多达二百余人。由泸州转沱江，到达赵化。同乡人民，家家执香祭奠，人人戴孝痛哭。从全省各地赶来吊唁的人，络绎不绝。公祭时，秀才兰瑞图朗诵了文天祥的《正气歌》，公祭文中有这样的话："汉唐遗秽，邦国其坏！沟壑能填，白刃已蹈。"意思是说：慈禧真像吕后、武则天那样乱国乱政，杀戮忠良, 而为了正气, 志士仁人甘愿洒热血抛头颅斗争下去。在那黑暗的岁月, 一个小镇上的人民, 能这样自发地为刘光第举行盛大的追悼会, 敢说敢言, 这真是四川近代史上值得大书特书的壮举。

刘光第墓在赵化镇, 沱江边。光绪三十三年 (1909 年) 立有墓碑, 碑文为刘光第生前好友、清末民初学者、诗人赵尧生先生所书。前几年一度遭到毁坏, 现正重修中。

刘光第生前, 热爱祖国山川, 极喜旅游。青年时即遍历巴蜀胜景。光绪九年 (1883 年) 从北京、上海沿长江返富顺。沿途写下了日记《南旋记》, 记载了当时长江风貌。光绪二十一年 (1895 年), 他由北京请假到福建祖籍扫墓。沿途所见山川名胜、都邑情形、民风土俗、人事天灾, 都一一记录在诗文中, 如《香港舟次夜》:

> 水碧山青画不如, 楼台尽是岛人居。依依三十年前月, 曾照华民采夜鱼。

对于当时的不平等条约致使国土丢失的现状, 有极强的愤慨和忧虑。

刘光第的诗中, 以写蜀中山水居多, 充分表现了他对故土风光的热爱。他写峨眉的诗就有四十多首。如《峨眉最高顶》:

　　白龙池上走轻雷，万瓦如霜照日开。诗客入天争

秀骨，神僧埋地结真胎。三秦鸟道衣边接，六诏蛮云

杖底来。南北风烟通一气，雪山西望是瑶台。

明净浩阔的胸襟，和对祖国河山的热爱，构成了这诗的基

调，而又蕴藉于金顶特有的景色中，它既是峨眉金顶的图

画，又是英雄本色的折射。

八上峨眉的赵尧生

在四川旅游，无论是青城、乐山、峨眉，或其他有名地方，大都可以看到赵尧生的题咏。那炉火纯青的诗艺和特殊风格的手书，处处使人产生亲切之感。赵尧生自己有《自题峨眉诗录》一绝：

> 夜梦名山晓出门，担头诗草十三春。风流略胜椒花馆，四到峨眉绝顶人。

编了这《峨眉诗录》之后，他又曾到峨眉。题咏蜀中名山胜迹，特别是乌尤寺、峨眉山的，清末以来，要数他最多、最有名了。

赵熙（1867～1948年），字尧生，四川荣县人。光绪十八年（1892年）进士，以后入翰林，官御史，有"铁面"之誉。在清末的二十年中，他由四川五次去北京，五次过三峡，登嵩山、游西湖。1913年回川以后，喜游蜀中名胜，特别是乐山乌尤寺和峨眉山。所以他诗中对峨眉及夔巫巴峡景物有很多描写。他在晚清诗坛上颇负盛名，特别是那些山水诗脍炙人口。21世纪40年代末，编印他的诗集时，郭沫若同志曾热心倡导共事。

他早年有组诗《下里词送杨使君之蜀》，以"竹枝词"体式，专写入蜀山水，由湖北写到成都。口吻如民歌俗曲，雅淡相宜，十分可人。如写神女峰：

> 缥缈巫山十二峰，晴峰奇秀雨峰浓。美人峰更薰香立，如此巫山愁杀侬。

至于成都，诗人笔数家珍，洋洋洒洒地绘出这古老的历史文化名城的处处胜迹，令人如入山阴道上，有应接不暇之感。

> 少城花木称公园，冬日红梅夏日莲。莫向武担寻石镜，摩诃池水亦桑田。

少城公园，即今之人民公园，以地处少城故名。当时园中梅、莲特盛。武担石镜据说已沉入地下。摩诃池在皇城（今人民南路广场一带），都是古成都名胜之地。

> 自古成都四大寺，北门昭觉树参天。老僧会得涪翁语，花气袭人欲破禅。

昭觉寺素称"西川第一丛林"，建于唐代。在成都北郊五公里，殿宇宏大、林木葱茏。

> 青羊一代野人家，稚女茅檐学煮茶。笼竹绿于诸
> 葛庙，海棠红绝放翁花。

这是当时成都西郊实景，在作者笔下又赋予它悠久的历史
内容，显得韵味深厚。

> 春水香流万里桥，枇杷门巷倚桥高。井泉艳过花
> 笺色，便恐桃花是薛涛。

薛涛井（今望江公园内）在万里桥下方。前人有"小桃花
绕薛涛坟"之句，故取以点染。

这组诗还写到青城、峨眉、凌云山，直到荣县。其中
写眉山一首，词语极清新：

> 眉山纱縠拜苏祠，红叶荷花看打碑。一雨中岩山
> 尽活，绿波浮动一蟆颐。

这个"活"字用得极妙，真是把山水也写活了。描写峨眉
的妙笔还有两首，一首写金顶望雪山：

> 灿然西藏似银泥，展出晶屏万岭低。雪自洪荒无
> 化日，人言瓦屋接山西。

另一首写九十九倒拐：

> 险处依稀到百分，上方人语半空闻。人行转折传
> 书势，春蚓秋蚊画子云。

其语言之清丽，构思之绝妙，使人惊叹。

赵尧生常住乌尤，写乌尤风光的名作有《喜石帚至》一律：

> 钟梵留人聚上方，小凭楼角受风凉。江云埽翠三山秀，夜雨新妍万竹香。失笑酒边谈狗曲，移情沔上坐渔梁。十年不见今初见，眷眷平生盛孝章。

这首诗不仅刻画乌尤景物形神俱美，而且包含着一个四川近代文化史上发现人才的佳话。诗题中的"石帚"，即指四川大学已故庞石帚教授。庞先生少时家贫，十七岁即为塾师糊口，然勤奋苦读，学业飞进。1919年当二十岁时，以诗投赵尧生。赵一见，大为推赏，次韵酬答。并立即向当时成都文化界名流林山腴、向楚介绍。林山腴（时兼华阳中学校长）亲到小巷访庞，谦称"郭有颜回而不知"。此后，庞遂执教华阳中学、成属联立中学。1924年即被聘为成都高师教授。庞石帚先生与赵相互通信十年之后，才在乐山乌尤寺见面。诗中"十年不见今初见"，就指这件事。"盛孝章"是东汉末人，德才俱美，孔融曾经推荐过他。这里赵尧生借用了这一典故。

这首诗刻在乌尤寺壁上，蜀中文化界至今引为美谈。